とっておきの聖地巡礼

世界遺産「高野山」

1200年の祈りの旅

新装版

エディッツ 著

Mates Publishing

『とっておきの聖地巡礼
世界遺産「高野山」
１２００年の祈りの旅』へ、
ようこそ。

標高９００ｍの山上に開ける天空の聖地・高野山。
２００４年に「紀伊山地の霊場と参詣道」として
世界遺産に登録されて以降、国内外から多くの人が訪れています。
高野山は２０１５年に開創１２００年という節目を迎えましたが、
人々を惹きつける理由はそれだけではありません。
四季折々の表情を見せる豊かな自然に癒されたり、
五感で感じる神秘性に感動したり、
普段の暮らしではできない宿坊体験をしたり…。

ワクワクの旅心を乗せて
緑の山あいを駆け抜ける

山々をイメージした深みのあるグリーンに、根本大塔の朱色のラインが映える特別列車「天空」。

春になると、車窓から満開の桜並木が楽しめる

夏

結界の大門をくぐる
導かれるように天空の聖地へ

高野山を開いたのは、弘法大師空海。
親しみを込めて「お大師さま」と呼ばれ、
千年以上もの間、人々に崇敬されてきました。
唐に渡り、密教を日本で普及させるなど、その功績は数えればきりがないほど。
庶民のための学校を日本で初めて設立したり、
洪水を防ぐため日本一大きな農業用ため池の改修工事に尽力したりするなど、
常に庶民のことを思った僧侶でした。
永遠の瞑想に入られた今も、私たちのことを考え、お守りくださっています。
それゆえ、長い年月を経てもなお、
救いを求めて高野山を訪れる人々が後を絶ちません。

麓から参道を歩いて上がってきた参拝者の目の前にそびえ立つ大門は、結界の象徴。
夏にはアジサイが咲き、彩りを添える

秋

蛇腹路を、奥へ奥へと
あまたの祈りに包まれる

壇上伽藍の東側の入口から続く蛇腹路。
紅葉シーズンには多くのカメラマンが集う
人気撮影スポットでもあり、夜はライトアップされる

冬

弘法大師空海の持仏堂として建立され、かつては高野山で最重要の聖域だった御影堂。冬が訪れるとより一層幽玄に

時を知らせる鐘の音が響く
荘厳な境内が、あたたかく迎え入れてくれた

摩訶般若波羅蜜多心経
観自在菩薩

現代の私たちは、時間に追われがち。

朝目覚めるとあわてて準備をして会社へ急ぐ、なんて方も多いことでしょう。

高野山では、いつもとは違う時間が流れ、聖地ならではの過ごし方ができます。

宿坊に泊まると、まだ薄暗い5時頃に起き、
6時から僧侶らとお経を読むことから朝が始まります。

体に沁みゆく朝食、庭に飛来する鳥の鳴き声、清らかな空気に、線香の香り…。

朝はすべてが清新で、心が洗われていくようです。

写経などの仏教体験では、ただ無心になることで、
静かに自分と向き合う時間が生まれるでしょう。

自分のこと、人生のこと、家族のこと、周りにいてくれるかけがえのない人たちの大切さ…。

そう、高野山は自身を見つめ直し、
大切な人たちに思いを致すきっかけを与えてくれる場所でもあります。

さぁ、本書片手に祈りの旅へ出かけましょう。

※本書は2022年発行の『とっておきの聖地巡礼 世界遺産「高野山」1200年の祈りの旅 改訂版』を「新装版」として発行するにあたり、内容を確認し一部必要な修正を行ったものです。

とっておきの聖地巡礼

世界遺産「高野山」1200年の祈りの旅

神秘の

高野山を楽しもう…75

おいしい

高野山を味わおう…99

便利な

高野山インフォメーション…117

※この本の掲載している情報は、令和7年2月現在のものです。時期により、内容、料金、拝観可能な時間や施設の営業時間、休業日などが変更になる場合がありますので、ご利用の際は事前にご確認のうえ、お出かけください。
※各スポットの住所は「和歌山県伊都郡」を省略し、町名から表記しています。
※休業日について、お盆や年末年始、ゴールデンウィーク、冬期などの休みは省略しています。
※料金は消費税込の記載です。

旅先スナップ①

緑のパノラマ風景に癒される!

特別列車「天空」の車窓からは、大パノラマの山々が。
標高差443mをグングン登っていく。

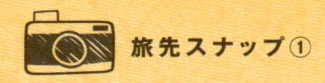

まずは

高野山を知ろう

そもそも「高野山」という山はない!?
知っているようで知らない高野山について、学んでいきましょう。

- 高野山とは?
- 弘法大師空海

Q 高野山とは?

大門からの雄大な眺望

A 標高約900mに開かれた真言密教の根本道場

峰々が八葉の蓮の花弁を広げるように取り囲む山間の平地。標高約900m、東西約6km、南北約3kmにわたって広がる高野山は、平安時代初期の816年、弘法大師空海によって真言密教の根本道場として開かれました。またの名を「金剛峯寺《こんごうぶじ》」といい、全山を寺域に見立てた「一山境内地」です。

貴族、武士、庶民と、あらゆる階層の人々が信仰を寄せた天空の聖地には、開創1200年を迎えた今も117の寺院が建ち並び、祖師の志を継ぐ僧たちが学問と修行に打ち込んでいます。登り着いた参拝者が等しく荘厳な気に打たれるのは、大自然の中に、守り継がれてきた「祈りの心」を感じ取るからかもしれません。

壇上伽藍にある金堂前の僧列

A 心身を癒す宿坊体験ができる世界遺産の聖地

弘法大師空海は今なお奥之院の御廟で衆生救済に当たっていると信じられ、この霊域と、根本大塔や金堂をはじめ19の諸堂が建ち並ぶ壇上伽藍は、高野山の二大聖地と呼ばれています。仏像や曼荼羅《まんだら》など宝物も多く、ゆっくり見て回るなら51ヶ寺ある宿坊に泊まるのがおすすめです。四季折々の精進料理を味わい、写経に没頭し、早朝の勤行に参列する。五感のすべてで触れる非日常に、心が洗われるように感じることでしょう。２００４年にユネスコの世界文化遺産に登録されて以来、海外からの参拝者も増えている高野山は、信仰が育む優れた観光地として、ミシュラン旅行ガイド日本版で最高評価の三つ星も獲得しています。

敵味方関係なく共に眠る 戦国武将の心の拠り所 A

一の橋から御廟へと続く約2kmの参道には、20万基を超す墓碑や供養塔が並び、織田信長、豊臣家、武田信玄・勝頼、上杉謙信など、名だたる戦国武将の名も多く目にすることができます。弘法大師の足元に眠れば極楽往生できるという信仰によるもので、特に徳川家が大徳院と寺檀関係を結んでからは、諸大名が競って菩提所を設け、墓を建てるようになりました。戦に明け暮れる武将らにとって、死後の平安は、現代の私たちが想像する以上に重大な関心事だったのでしょう。敵味方で争った者が等しく安住の地にと望み、大切に守り続けてきた高野山。そこには、奥之院に生き続け、人々の幸せを願い続ける弘法大師への深い尊敬の念が感じ取れます。

武将や大名、名僧などの墓所や供養塔がずらりと並ぶ奥之院参道

入定信仰が貴族や武家だけでなく庶民の間にも広がったのは、弘法大師が民に寄り添って実践を重ねた宗教者であったからです。庶民のための学校を創り、水害に苦しむ農家のために池を修築した〝お大師さま〟への尊崇の念は、全国各地にさまざまな伝説を生みました。独鈷《どっこ》で岩盤を打つと薬湯が湧いた、村一帯にたくさんの栗の実を成らせた…。そこには、現世の苦しみから救われたいという庶民の痛切な祈りが込められています。弘法大師ゆかりの旧跡を訪ね遍路修行をする四国八十八ヶ所霊場巡りも、そんな信仰心から発しました。全行程約1450㎞、高野山の奥之院に詣でて満願成就とする巡礼は、「いつもお大師さまと一緒に巡礼している」という意味の「同行二人《どうぎょうににん》」の精神とともに、今に受け継がれています。

A 今も昔も民に慕われる 大師信仰が息づく宗教都市

菅笠に白衣をまとったお遍路姿の方と多くすれ違う

高野山を開いた弘法大師空海

弘法大師御影

出世か仏道か、悩める青年時代

弘法大師空海は幼名を「真魚《まお》」といい、宝亀5年（774）、讃岐の地方豪族の家に生まれました。勉学に秀で、15歳の時に叔父を頼って都へ上った空海は、18歳で大学に入学。しかし、高級貴族の子弟が出世を目的に学ぶ環境になじめず、次第に仏教へ傾倒していきます。

大学を中退し、吉野や四国の石鎚山などで山岳修行に励むようになった空海。密教の修法の一つ「虚空蔵《こくうぞう》菩薩《ぼさつ》求聞《ぐもん》持法《じほう》」を奈良の大安寺の僧・勤操《ごんぞう》から授かり、大自然の中に真理を見つけようと厳しい修行を重ねます。この頃、吉野を徘徊していて高野の地にたどり着いたと後に回想しています。峰々に囲まれた深山に開いた土地は、空海の目と心に、印象深く焼きついたことでしょう。

運命を決めた密教との出会い

20代の空海は山岳修行に励み、南都の諸寺を訪ねて経典を学ぶ日々を過ごしました。その中で「大日経」をはじめとする密教経典に出会い、さらに深い学びを求めた空海は渡唐を決意。31歳で留学僧として遣唐使船に乗り、真言密教第七祖・恵果《けいか》和尚《かしょう》から密教の教法を受け継ぐと、わずか2年で帰国を果たします。そこには、並々ならぬ才能と努力に加え、一刻も早く人々を救いたいという、たぎるような使命感があったのでしょう。

帰国後、高雄山寺（京都）を拠点に真言宗の布教を始めた空海は、一方で深山において瞑想に励むことのできる根本道場の必要性を感じ、その場所として高野山を賜りたいと朝廷に上表するのです。

大安寺

奈良県奈良市にある大安寺は、南都七大寺の一つで、空海が青年期に仏教を学んだ場所。空海に大きな影響を与えたという大安寺の僧・勤操は、空海の唐留学の実現に尽力したとも伝わる。唐から帰朝後の天長6年（829）、空海は大安寺の別当を務めた。

高野山開創、布教にいそしむ日々

少年の日に見た高野の景色が、心に灯り続けていたのでしょうか。この地を選んだ理由については、修行中に大和の山中で出会った狩場明神に導かれた、あるいは、唐からの帰国前、密教を広める適地を示せと投げた三鈷杵《さんこしょ》が高野山の御影堂前の松の枝にかかっていたから、との伝説もあります。

弘仁7年（816）、嵯峨天皇から開創の勅許を得た空海は、この地を修禅の道場に、また、後に下賜された東寺を都での活動拠点とし、布教に一層努めていきます。讃岐の満濃池修築や庶民のための学校設立など社会事業にも力を注ぎ、貴賤を問わず、悩める者に救いの法益を施し続ける空海は、広く尊敬の念を集めていきました。

衆生救済へ、永遠の誓い

空海は承和2年（835）3月15日、弟子たちを集めて後事を託し、自らはその月の21日に入定するとの遺告を与えました。生きとし生けるもののすべてが悟りを得るまで、わが願いは尽きることがない。天長9年（832）の万灯・万華会の願文にそう記した空海は、限りある肉身で生きるのではなく、永遠の定に入って衆生救済に尽くす道を選んだのです。その言葉通り、空海は伽藍の完成を見ることなく、弟子たちに見守られながら入定。62歳でした。醍醐天皇から「弘法大師」の諡号を贈られたのは、入定の86年後のことです。

後に、空海は生きて衆生救済を祈り続けているという入定信仰が広まり、今に続いています。自らの誓いと、稀代の僧を慕う有名無名の人々の願いが重なり合い、空海は今も、確かに在り続けているのです。

三鈷の松

空海がこの地に密教の道場を開創した所以となる伝説が残る松の木（詳しくはP47を参照）

弘法大師行状図絵

弘法大師空海の生涯をわかりやすく描いた26枚の絵図があります。大正5年、高野山開創１１００年を記念し、東京の細川糸子さんによって奉納されたもので、大師教会本部大講堂に掲げられています。

1 御誕生
2 捨身誓願《しゃしんせいがん》
3 都での御勉強
4 御出家
5 大日経《だいにちきょう》の感得《かんとく》
6 入唐《にっとう》求法《ぐほう》
7 恵果《けいか》和尚《かしょう》に師事
8 五筆和尚《ごひつわじょう》の称号
9 御帰朝《ごきちょう》と飛行《ひぎょう》の三鈷《さんこ》
10 立教開宗《りっきょうかいしゅう》
11 神泉苑《しんぜんえん》の雨乞い
12 般若心経《はんにゃしんぎょう》を講義
13 八宗論《はっしゅうろん》、大日如来《だいにちにょらい》のいわれ
14 綜芸種智院《しゅげいしゅちいん》といろは歌
15 四国八十八ヵ所の開創《かいそう》
16 満濃《まんのう》の池完成の事
17 東寺《とうじ》御下賜《ごかし》
18 応天門《おうてんもん》の額
19 御修法《みしほ》
20 高野山御開創《ごかいそう》(1)
21 高野山御開創(2)
22 高野山御開創(3)
23 御遺告《ごゆいごう》
24 御入定《ごにゅうじょう》
25 諡号奉賛《しごうほうさん》
26 御衣替《おころもがえ》

9 御帰朝と飛行の三鈷

唐から帰国する空海を描いた有名な場面。明州の浜辺に立った空海が、「私が受けついだ、教法を広めるのによい土地があったら、先に帰って示したまえ」と祈り、手に持っていた三鈷杵を投げると、五色の雲に乗り日本へ飛んでいったという。

22 高野山御開創（3）

真言密教の根本道場の適地を求めていた空海は、白黒二匹の犬によって高野山へと導かれ、途中出会う丹生明神から高野山を賜る。ここでは、高野山に登った空海がこの地を適地だと喜び、多勢の弟子や職人とともに山を拓いて伽藍を造る様子が描かれる。真ん中にいる僧たちが驚きの表情で見上げる松には、空海が明州の浜辺から投げた三鈷杵が引っ掛かっている。

24 御入定《ごにゅうじょう》

空海は承和2年（835）3月21日、寅の刻を入定のときと決め、入定の一週間前から御住房中院（ごじゅうぼうちゅういん）の一室を浄め、一切の穀物を断ち、身体を香水で浄めて結跏趺坐（けっかふざ）し、手に大日如来の定印を結び、弥勒菩薩の三昧に入った。入定から50日目に、弟子たちは空海が定めた奥之院の霊窟にその御定身を納めた。

いよいよ

高野山を巡ろう

高野山について学んだら、いよいよ山内の見どころへ。
二大聖地をはじめ、数多くの貴重な文化財を見て回りましょう。

・大門
・壇上伽藍
・金剛峯寺
・奥之院
・高野山霊宝館
・徳川家霊台
・苅萱堂
・金剛三昧院
・高野山大師教会

高野山MAP

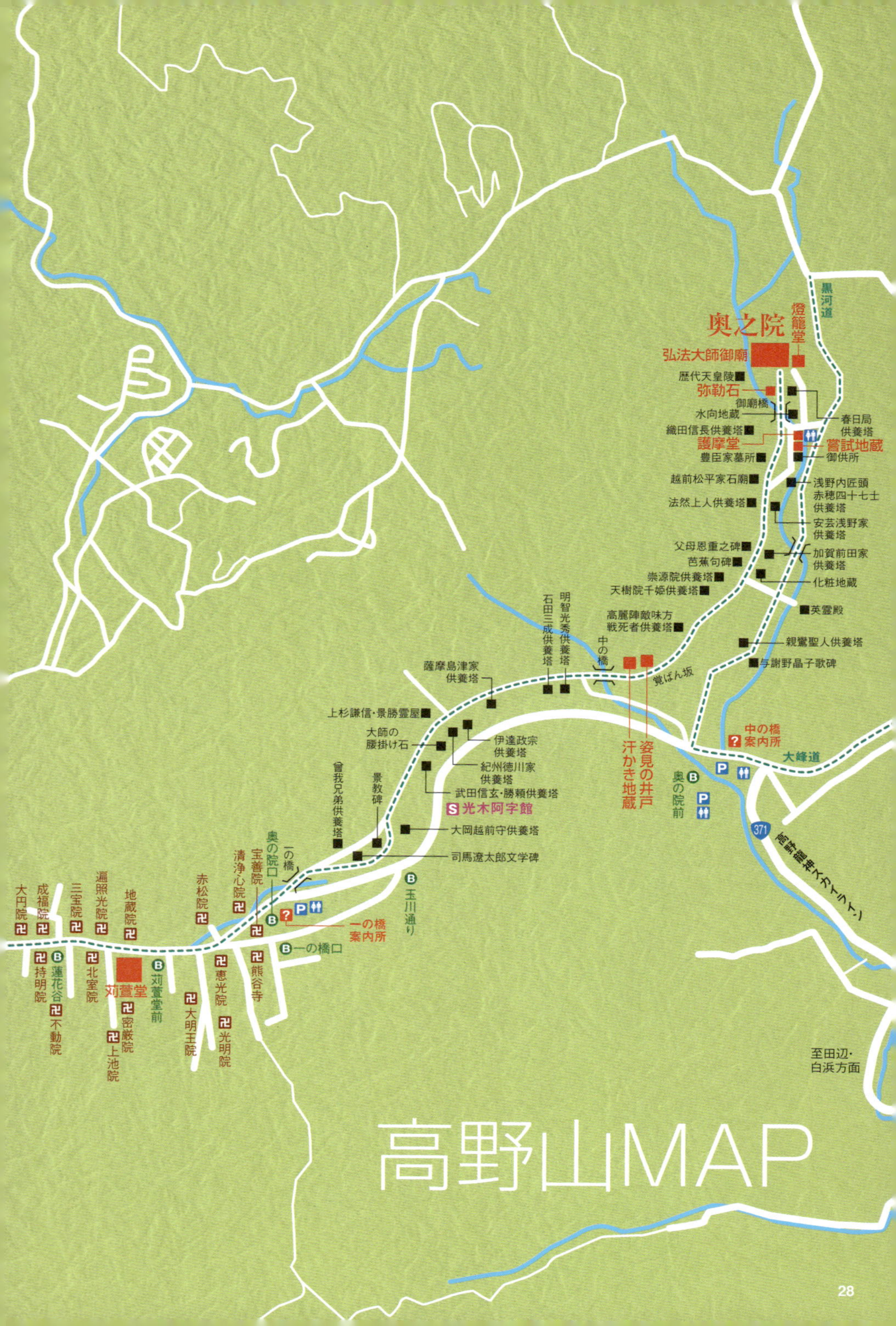

黒河道
奥之院
燈籠堂
弘法大師御廟
歴代天皇陵
弥勒石
御廟橋
水向地蔵
春日局供養塔
織田信長供養塔
護摩堂
嘗試地蔵
豊臣家墓所
御供所
越前松平家石廟
浅野内匠頭赤穂四十七士供養塔
法然上人供養塔
安芸浅野家供養塔
父母恩重之碑
芭蕉句碑
加賀前田家供養塔
崇源院供養塔
天樹院千姫供養塔
化粧地蔵
英霊殿
高麗陣敵味方戦死者供養塔
親鸞聖人供養塔
与謝野晶子歌碑
石田三成供養塔
明智光秀供養塔
中の橋
覚ばん坂
汗かき地蔵
姿見の井戸
薩摩島津家供養塔
上杉謙信・景勝霊屋
大師の腰掛け石
伊達政宗供養塔
紀州徳川家供養塔
武田信玄・勝頼供養塔
光木阿字館
曾我兄弟供養塔
景教碑
大岡越前守供養塔
司馬遼太郎文学碑
中の橋案内所
大峰道
奥の院前
371
高野龍神スカイライン
至田辺・白浜方面
一の橋
奥の院口
玉川通り
一の橋案内所
一の橋口
清浄心院
宝善院
赤松院
大円院
成福院
三宝院
遍照光院
地蔵院
持明院
蓮花谷
不動院
北室院
苅萱堂
苅萱堂前
密厳院
上池院
大明王院
恵光院
光明院
熊谷寺

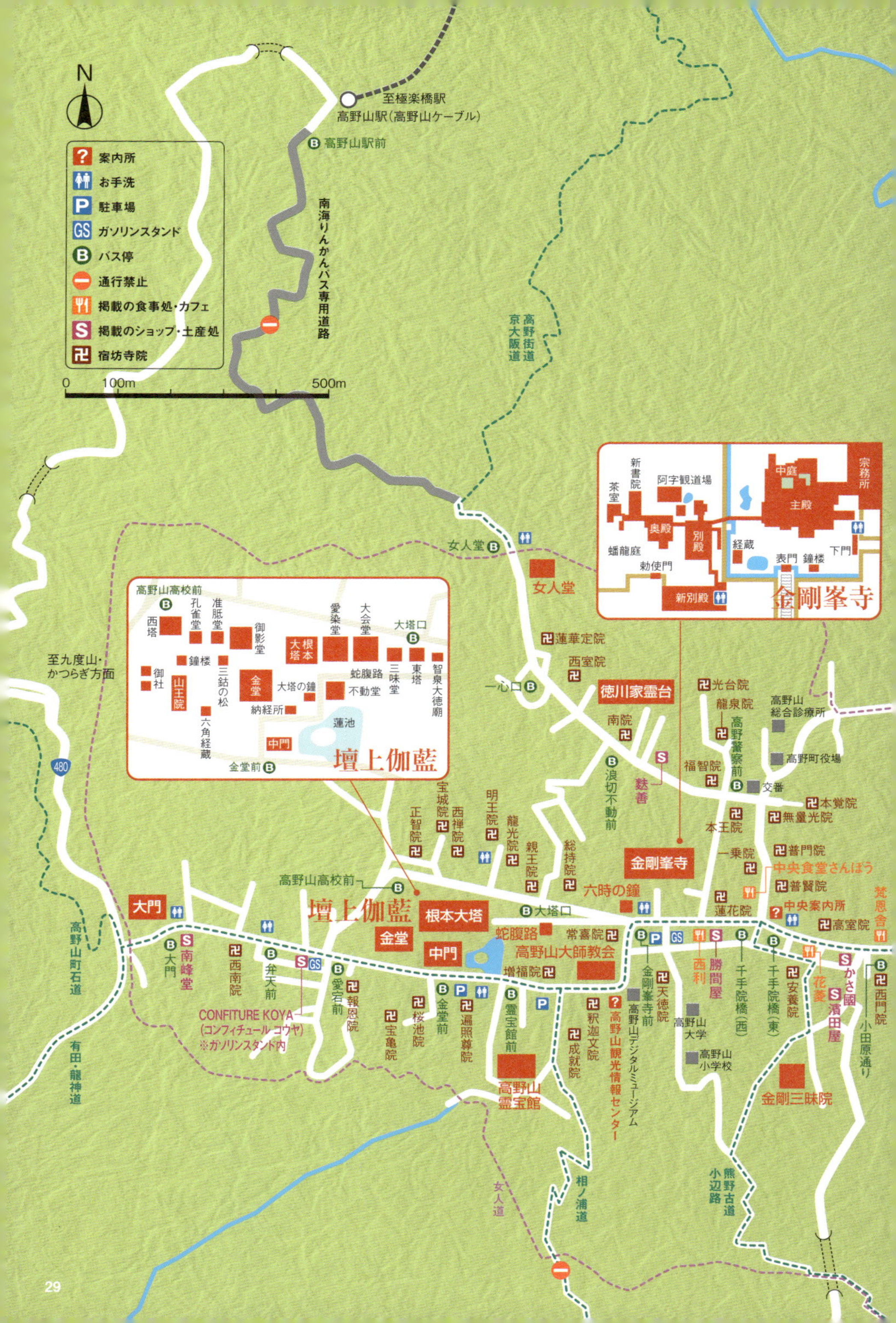
N
案内所
お手洗
駐車場
ガソリンスタンド
バス停
通行禁止
掲載の食事処・カフェ
掲載のショップ・土産処
宿坊寺院
0
100m
500m
至極楽橋駅
高野山駅（高野山ケーブル）
高野山駅前
南海りんかんバス専用道路
高野街道京大阪道
女人堂
新書院
茶室
阿字観道場
中庭
宗務所
主殿
奥殿
別殿
蟠龍庭
経蔵
勅使門
表門
鐘楼
下門
新別殿
金剛峯寺
高野山高校前
西塔
孔雀堂
准胝堂
御影堂
愛染堂
大会堂
大塔口
根本大塔
鐘楼
御社
山王院
三鈷の松
金堂
大塔の鐘
蛇腹路
不動堂
三昧堂
東塔
智泉大徳廟
納経所
六角経蔵
蓮池
中門
金堂前
壇上伽藍
至九度山・かつらぎ方面
480
蓮華定院
西室院
一心口
徳川家霊台
光台院
龍泉院
高野山総合診療所
南院
高野警察前
高野町役場
福智院
浪切不動前
麩善
交番
本覚院
無量光院
本王院
宝城院
西禅院
正智院
明王院
龍光院
親王院
総持院
金剛峯寺
一乗院
普門院
中央食堂さんぼう
普賢院
梵恩舎
高野山高校前
六時の鐘
大塔口
蓮花院
中央案内所
高室院
大門
壇上伽藍
根本大塔
金堂
中門
蛇腹路
常喜院
高野山大師教会
増福院
大門
南峰堂
西南院
弁天前
愛宕前
報恩院
宝亀院
桜池院
金堂前
遍照尊院
霊宝館前
釈迦文院
成就院
高野山観光情報センター
高野山デジタルミュージアム
金剛峯寺前
天徳院
西利
勝間屋
千手院橋（西）
千手院橋（東）
安養院
花菱
かさ國
濱田屋
西門院
小田原通り
高野山大学
高野山小学校
金剛三昧院
高野山霊宝館
CONFITURE KOYA
（コンフィチュール コウヤ）
※ガソリンスタンド内
高野山町石道
有田・龍神道
女人道
相ノ浦道
熊野古道小辺路

金剛力士像が守る 高野山の表玄関

大門【だいもん】

圧倒的な大きさと存在感を誇る大門。振り返れば眺望が開け、天気のいい日は瀬戸内海や淡路島まで見渡すことができる

大門 重文 世界遺産

住所	高野町高野山
電話	☎0736-56-2011(金剛峯寺)
時間	拝観自由
アクセス	バス停大門から徒歩すぐ
駐車場	なし

高野山の西の入口にあたる総門。
表玄関として、
多くの参拝者を迎えてきました。
幾度かの再建を繰り返し、
現在の建物は３１０年前のもの。
表面は白木でしたが、
昭和61年の解体修理の際、
鮮やかな丹塗りが施され、
往時の姿を取り戻しました。

金剛力士像 阿形【あぎょう】

江戸時代の仏師・康意《こうい》作

高野山の入口に建つ大きな総門。もとは、現在の場所から少し下った九折谷《つづらおりだに》に建てられた鳥居を総門としていたそうです。現建物は、五間三戸の二階二重門、高さ25・1mで、宝永2年（1705）に再建されたもの。昭和61年（1986）に、弘法大師御入定1150年記念として修復されました。

門の左右には、迫力ある様相の金剛力士像が鎮座。正面には「お大師さまは毎日御廟から姿を現され、所々を巡っては私たちをお救いくださっている」という意味の柱聯《ちゅうれん》※が掲げられています。

今も昔も、麓から歩いて登る人々を最初に出迎える大門。門をくぐって結界を越え、さあ、高野山内へ向かいましょう。

※柱聯とは、柱や壁に相対に掛けて飾りとする長い書画の板のことで、主に詩文などを書く場合が多い

大門の横には鳥居があり、参道の山道を登って行くと、弘法大師空海が勧請した嶽弁才天（だけのべんざいてん）が祀られている

金剛力士像
吽形【うんぎょう】

江戸時代の仏師・法橋《ほうきょう》運長《うんちょう》作

ココに注目!

細かくて可愛い意匠

門の上部には、華やかな色彩の彫刻があしらわれている

鳥や松の木などが彫られた意匠は、それぞれ絵柄が違うので見比べてみるのも楽しい

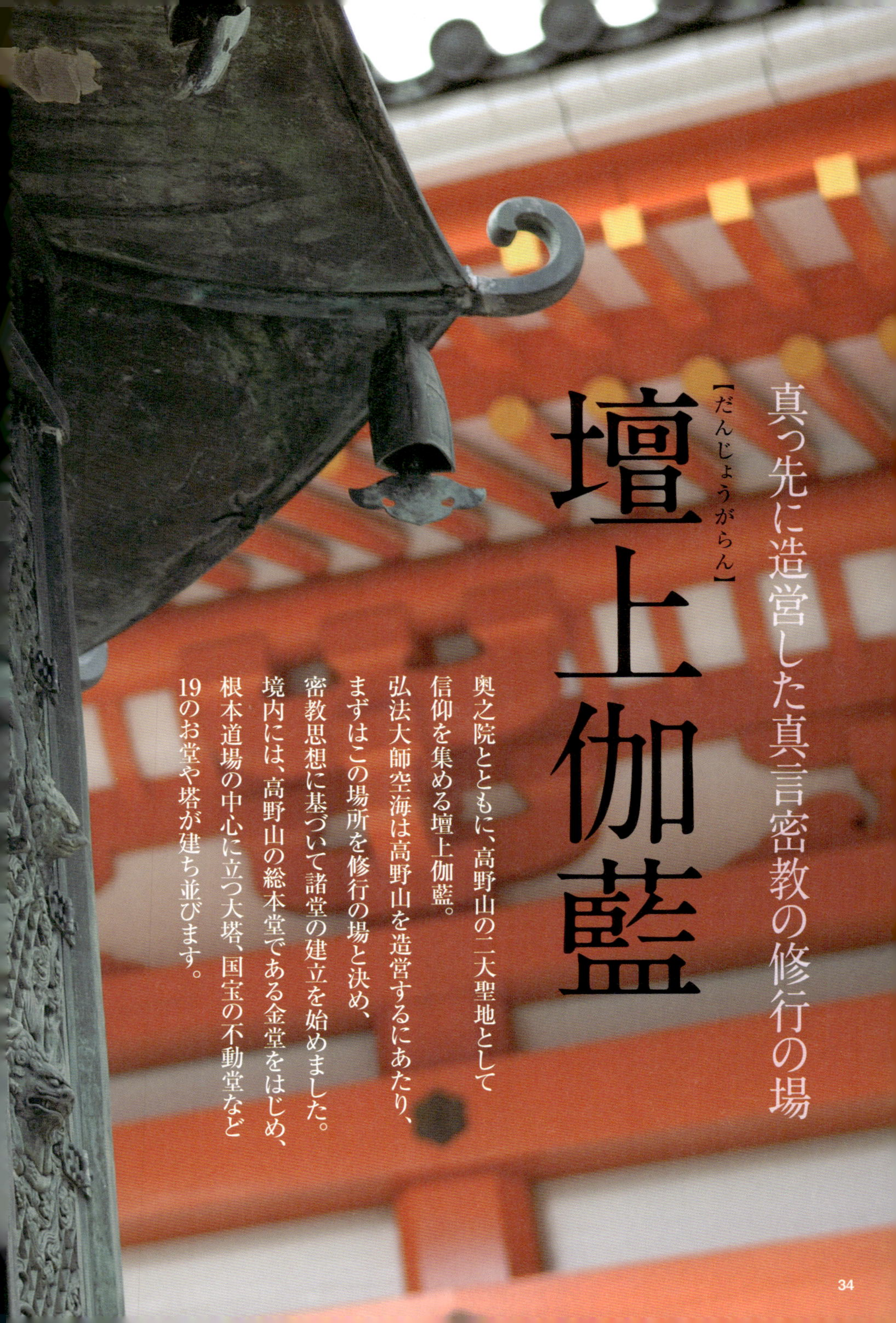

真っ先に造営した真言密教の修行の場

壇上伽藍【だんじょうがらん】

奥之院とともに、高野山の二大聖地として信仰を集める壇上伽藍。

弘法大師空海は高野山を造営するにあたり、まずはこの場所を修行の場と決め、密教思想に基づいて諸堂の建立を始めました。

境内には、高野山の総本堂である金堂をはじめ、根本道場の中心に立つ大塔、国宝の不動堂など19のお堂や塔が建ち並びます。

壇上伽藍

重文 世界遺産

住　所　高野町高野山152
電　話　☎0736-56-2011（金剛峯寺）
時　間　境内自由、金堂・根本大塔は8:30～17:00（受付は16:30まで）
料　金　境内無料、金堂・根本大塔は拝観各500円
アクセス　バス停金堂前から徒歩すぐ
駐車場　あり

根本大塔【こんぽんだいとう】

美しい朱の大塔は、壇上伽藍のシンボル

壇上伽藍の中でも、ひと際目を引く朱塗りの根本大塔は、弘法大師空海が真言密教の根本道場におけるシンボルとして建立しました。高野山開創の頃に着手するも、巨大な大塔の建設には多くの時間を要し、空海は完成を見ずに入定しました。

その後、空海の弟子で高野山第二世・真然《しんぜん》の代、876年頃に落慶したと伝わります。以後、落雷などによる

5度の焼失と再建を繰り返し、現在の建物は、昭和12年（1937）に再建したものです。高さは約48・5m、四面はそれぞれ幅約23・5m。空海が唐より伝えたとされる日本最初の多宝塔でもあります。令和6年（2024）に重要文化財に指定されました。

平成8年（1996）に外装を塗り替えられた朱塗りの根本大塔

昭和12年に取り付けが完了した相輪

大塔の前に建つ、
意匠を凝らした八角燈籠

ココに注目!

堂内は立体曼荼羅の世界

弘法大師空海が思い描いた世界を具現化した立体曼荼羅は、圧巻の迫力!

根本大塔の内陣。本尊の上に掲げられている勅額の「弘法」の文字は、昭和天皇宸筆によるもの

堂内を一周し、立体曼荼羅を体感

大塔の内陣に足を踏み入れると広がるのは、朱と黄金の世界。正面真ん中に安置されているのは、本尊の胎蔵大日如来です。黄金色の大きな御姿は、堂内でも圧倒的な存在感を放っており、まずはその前に立ち止まって、祈りを捧げましょう。本尊の周りには、同じく黄金色に輝く金剛界の四仏が座し、16本の柱に堂本印象画伯が描いた色鮮やかな十六大菩薩がその周囲を取り囲みます。さらに、四方の壁には、密教を伝えた八祖《はっそ》像が描かれており、堂内は、弘法大師空海が思想する曼荼羅を具現化した世界となっています。

壁面に描かれた八祖像の弘法大師像。十六大菩薩と同じく堂本印象画伯の筆

不空成就【ふくうじょうじゅ】

阿閦【あしゅく】

立体曼荼羅配置図

本尊の大日如来（胎蔵界）を中心に、金剛界の四仏と十六大菩薩が周囲に配置されている

●＝柱「十六大菩薩」絵
□＝仏像

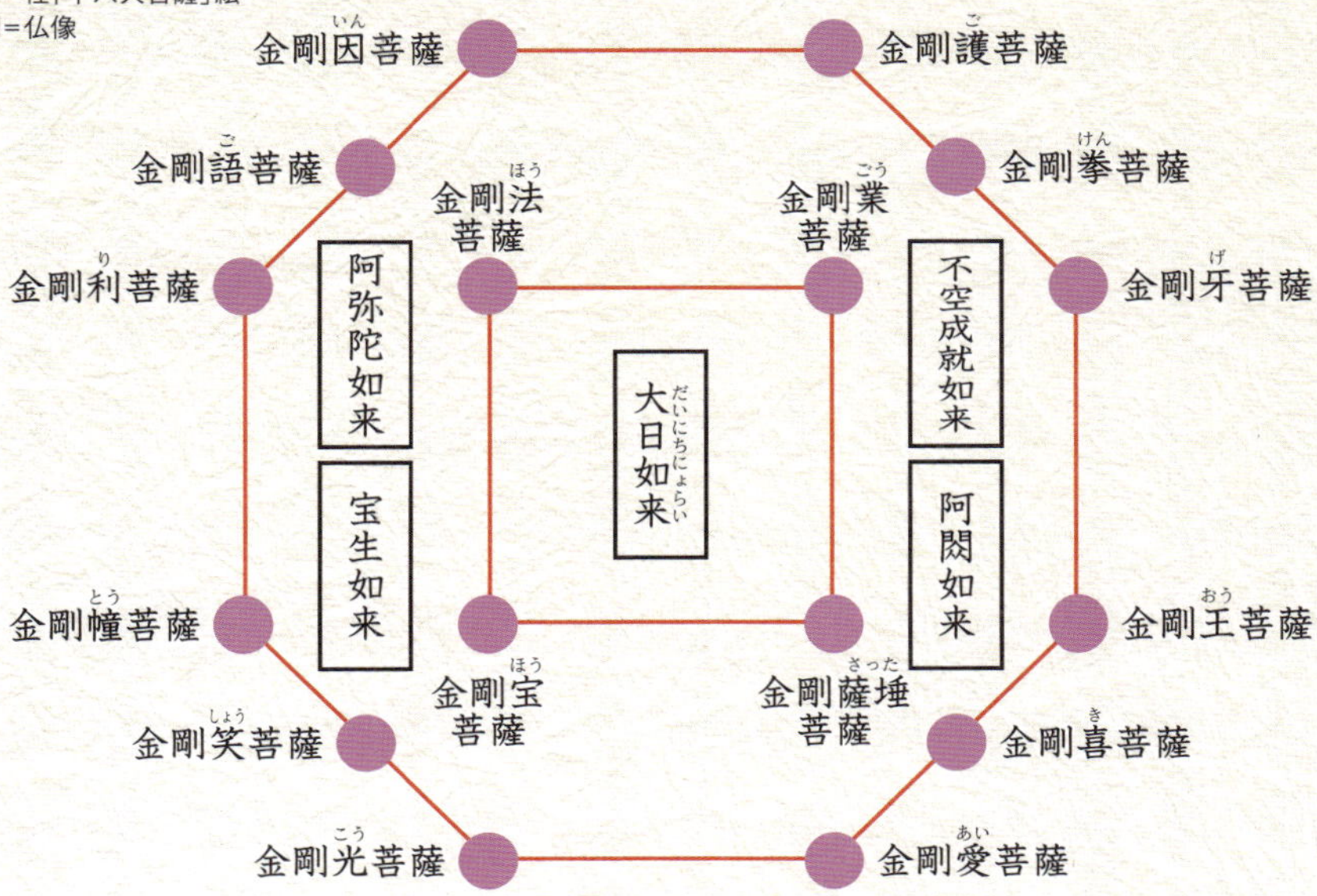

金堂【こんどう】

重要な役割を担う、高野山の総本堂

弘法大師空海が開創した当時は「講堂」と呼ばれていましたが、平安時代後期より名が改められ「金堂」に。重要な役割を担う場で、年中行事の大半がここで勤修されています。幾度も火災で焼失し、現在の建物は昭和７年（１９３２）に再建されたものです。

開創当時から安置されていた本尊の秘仏は、昭和元年（１９２６）の金堂の火災により焼失。現在の本尊は、仏師・高村光雲作の薬師如来（阿《あ》閦《しゅく》如来ともいう）。絶対秘仏で、これまで80年間一度も公開されませんでしたが、平成27年（２０１５）に高野山開創１２００年を記念し、特別開帳されました。令和６年（２０２４）に重要文化財に指定。

梁間23.8m、桁行30m、高さ23.73mの入母屋造

ココに注目!

平清盛の血曼荼羅

内陣の左右には、平清盛が奉納した両界曼荼羅の複製がかけられている。清盛が自らの血で中尊を描かせたとされ、「血曼荼羅」とも呼ばれる。右が胎蔵界曼荼羅、左が金剛界曼荼羅

荘厳な堂内の真ん中に本尊の薬師如来、左右に金剛王菩薩や不動明王など6体の仏像が並ぶ。いずれも仏師・高村光雲の手によるもの

高野山中で育てられた高野霊木を用い、鎌倉時代の建築様式をもとにした五間二階の楼門。大きさは東西25m、南北15m、高さ16m

ココに注目!

高野山開創1200年を記念し、172年ぶりに再建

中門【ちゅうもん】

平成22年10月より約5年の歳月をかけ、172年ぶりにその姿を取り戻した中門。高野山開創1200年記念大法会の初日である平成27年4月2日に、開創大法会開白・中門落慶大曼荼羅供が執り行われました。

中門が創建されたのは、弘仁10年(819)。以後、焼失と再建を繰り返し、天保14年(1843)に焼失したのを最後に建て直されることはありませんでした。このたび落慶した中門には、最後の焼失の際に救い出された持国天像と多聞天像を再び安置。新たに広目天像と増長天像が新造され、四天揃いぶみで結界を守ります。

六角経蔵【ろっかくきょうぞう】

平治元年(1159)、鳥羽法皇の皇后・美福門院が、法皇の菩提を弔うため建立。紺紙に金泥《きんでい》で浄写された「紺紙金泥一切経」1000巻を納められています。美福門院は、経蔵の維持費として紀州荒川の庄を寄進したため、一切経のことを「荒川経」とも呼ぶようになりました(国指定の重要文化財。現在は霊宝館にて収蔵)。経蔵の基壇付近に把手がついており、回すことができます。ひと回しすれば一切経を一通り読誦した功徳を得るといわれています。

御社【みやしろ】 重文

弘法大師空海は、高野山開創の際、山麓の丹生都比売《にうつひめ》神社より、二匹の犬とともに空海を高野山へ導いた高野（狩場）明神と、空海に高野山を授けた地主神の丹生明神の二神を勧請し、高野山の鎮守としました。三つの社殿があり、一宮は丹生明神、二宮は高野（狩場）明神、三宮は十二王子・百二十番神が祀られています。

山王院【さんのういん】 重文

御社の拝殿。山王は地主の神のことを指し、「山王に礼拝する場所」として建立されました。旧暦5月1～2日には、波切不動像を奉安して夏季祈りが、翌5月3日には学道の最終階梯である「竪精《りっせい》明神論議」が奉修されます。また毎月16日には「法楽論議」が勤修されています。現建物は文禄3年（1594）に再建されたもの。

西塔【さいとう】 重文

西北の端に建つ西塔は、根本大塔と一対となる重要な塔。光孝天皇の勅命で真然が、弘法大師空海が記した伽藍建立の計画案『御図記《ごずき》』に基づいて建立しました。

内陣は、根本大塔が胎蔵界の大日如来と金剛界の四仏を祀っているのに対し、金剛界の大日如来と胎蔵界の四仏を祀っています。

孔雀堂【くじゃくどう】

後鳥羽法皇の御願により、正治２年(1200)、京都・東寺の長者・延杲《えんごう》僧正が、神泉苑(京都)で「孔雀経法」という請雨祈願を行い、見事に大願成就しました。その功績により現在の地に孔雀堂を建立。この時に、有名仏師の快慶が作り上げた孔雀明王像が本尊として奉安されました(国指定の重要文化財。現在は霊宝館にて収蔵)。

准胝堂【じゅんていどう】 重文

弘法大師空海が得度の儀式を行う守り本尊として、自ら彫ったとされる准胝観音を本尊として祀っています。もとは食堂に安置されていましたが、天禄4年(973)頃にお堂が建立され、移されたそうです。現在のお堂は明治16年(1883)に再建されました。昭和30年頃までは、本尊のほか如意輪観音や愛染明王なども安置されていました。

御影堂【みえどう】 重文

弘法大師空海の持仏堂として建立され、入定後は空海の御影を安置。真如親王が生身の空海を描いた「弘法大師御影像」を奉安し、堂内外陣には空海の十大弟子の肖像画が掲げられています。高野山で最重要の聖域とされ入堂禁止でしたが、近年は旧暦3月21日に執行される「旧正御影供」の前夜、御逮夜《おたいや》法会《ほうえ》の後に一般参拝が許されています。

三鈷の松【さんこのまつ】

弘法大師空海が、唐から帰国する際、真言密教を広めるにふさわしい場所を求めて、明州の浜から日本へ向けて三鈷杵《さんこしょ》と呼ばれる法具を投げると、たちまち日本へと飛んで行きました。三鈷杵が引っ掛かった松の木が、「三鈷の松」といわれています。葉が3葉になっている松の木は珍しく、落ち葉を縁起物として持ち帰る参詣者が多いそうです。

大塔の鐘【だいとうのかね】

弘法大師空海が発願し、真然の代に完成した鐘。これまで火災などで鐘楼が焼失し、三度ほど改鋳され、現在の銅鐘は天文16年(1547)に造立されたもの。直径2.12mの大鐘で、日本で4番目に大きな鐘であったことから「高野四郎」とも呼ばれています。毎日4時、13時、17時(春季彼岸中日より秋季彼岸中日までは18時)、21時、23時の計5回、山内に時を知らせています。

愛染堂【あいぜんどう】 重文

建武元年(1334)、後醍醐天皇の勅願により「四海《しかい》静《せい》平《へい》」、「玉体《ぎょくたい》安穏《あんのん》」を祈るため建立されました。かつては、不断《ふだん》愛染《あいぜん》明王《みょうおう》護摩《ごま》や長日《ちょうじつ》談義《だんぎ》が修され、「新学堂」とも呼ばれていました。本尊として祀られているのは、後醍醐天皇の御等身の愛染明王です。現建物は嘉永元年(1848)に再建されたもの。

不動堂【ふどうどう】 [国宝]

壇上伽藍の中で唯一国宝に指定されるお堂。鳥羽上皇の皇女である八條《はちじょう》女院《にょいん》の発願により、建久9年(1198)、一心院谷という地に行勝《ぎょうしょう》上人が建立。明治41年(1908)に現在の地に移築されました。現建物は、14世紀初頭に再建。当初は阿弥陀堂だったとされ、後に行勝上人作と伝わる不動明王が本尊に。脇侍の八大童子《はちだいどうじ》は、鎌倉時代の名仏師・運慶作(現在は霊宝館にて収蔵)。

蓮池【はすいけ】

高野山上最大の池で、江戸時代に蓮が植えられ、昭和の初めまで、美しい蓮が咲き誇っていました。池の中央には善女龍王を祀る社があります。明和8年(1771)、瑞相院の僧・慈光が善女龍王像と仏舎利を勧請し、雨乞いの法を修され、水に関する信仰にご利益があるとされています。昭和40年(1965)、高野山開創1150年記念事業の一環として、蓮池とその周辺が整備されました。

大会堂【だいえどう】 [重文]

安元元年(1175)、鳥羽法王の皇女である五辻《ごつじ》斎院《さいいん》頌子《りょうし》内親王が、父帝の追福のため創建されました。もとは東別所にありましたが、歌人の西行法師が長日不断談義の学堂として壇上に移すよう内親王に勧め、蓮華《れんげ》乗院《じょういん》と称しました。現在は、法会の集会のお堂となっています。本尊は阿弥陀如来、脇侍に観音と勢至《せいし》菩薩です。

三昧堂【さんまいどう】 重文

延長7年(929)に金剛峯寺の済高《さいこう》座主《ざす》が建立し、治承元年(1177)に西行法師が今の地に移築造営しました。座主が「理趣三昧」という儀式を執り行っていたことから、「三昧堂」と呼ばれるようになったそうです。お堂の前に、西行法師お手植えという「西行桜」が根を張り、春には美しい彩りを添えています。現建物は文化13年(1816)再建のもの。

東塔【とうとう】

壇上伽藍の東端に建つ東塔は、大治2年(1127)、白河院の御願により醍醐《だいご》三宝院《さんぼういん》勝覚権僧正《しょうかくごんのそうじょう》によって創建された多宝塔。本尊の尊勝《そんしょう》仏頂尊《ぶっちょうそん》は、白河上皇の等身大の仏像です。脇侍として不動明王、降三世《ごうさんぜ》明王を祀っています。天保14年(1843)に焼失し、140年後の昭和59年(1984)に再建されました。

蛇腹路【じゃばらみち】

金剛峯寺の方から東塔へ向かうこの小道の名は、弘法大師空海が高野山を「東西に龍の臥せるがごとく」と形容したことに由来するともいわれています。壇上伽藍を頭として現在の蓮花《れんげ》院《いん》までを龍が臥している形に例え、ちょうどこの小道が龍のお腹付近にあたることから蛇腹路と呼ばれるようになったそうです。秋は紅葉が美しく、写真撮影スポットとしても人気です。

全国約3600ヶ寺ある、高野山真言宗の総本山

金剛峯寺【こんごうぶじ】

高野山真言宗の総本山であり、高野山の中心寺院。ここで、高野山真言宗のすべての宗務を司っています。もとは豊臣秀吉の母の菩提寺でしたが、明治時代に入ると改号。以降、金剛峯寺の最高職である座主《ざす》の住まいになっています。荘厳な主殿には、有名絵師による見事な襖絵が納められ、順路に沿ってゆっくりと拝観することができます。

正門。昔は天皇や皇族、高野山の重職しか門をくぐることが許されず、一般の僧侶は脇の小さなくぐり戸を使用していた

金剛峯寺

重文 世界遺産

住　所	高野町高野山132
電　話	☎0736-56-2011
時　間	8:30〜17:00（受付は16:30まで）
料　金	拝観1000円
アクセス	バス停金剛峯寺前から徒歩すぐ
駐車場	あり

堂々たる正門を構えるここは、全国の高野山真言宗約3600ヶ寺を統轄する総本山。

　現在の建物の前身は、豊臣秀吉が母の菩提を弔うために建てた寺で、「青巌寺《せいがんじ》」と呼ばれていました。明治2年（1869）に隣接の興山寺と統合し、現在の「総本山金剛峯寺」になりました。もともと「金剛峯寺」とは、高野山一山の総称です。

　「金剛峯寺」の名称は、弘法大師空海が『金剛《こんごう》峯楼《ぶろう》閣《かく》一切《いっさい》瑜《ゆ》伽《が》瑜《ゆ》祇経《ぎきょう》』というお経から名付けられたと伝えられています。

境内は4万8295坪の広大な敷地を誇り、東西約60m、南北約70mの主殿（本坊）をはじめ、別殿、書院、経蔵、鐘楼、阿字観道場などが建ち、うち12棟が令和6年（2024）に重要文化財に指定されました。日本最大の石庭も有しています。

火災によって幾度も焼失した教訓から、類焼を防ぐため、雨水を貯めた「天水桶」が設置されるようになったそうです。

屋根の上に桶が!

ココに注目!

文久3年（1863）に再建された主殿。
檜皮葺（ひわだぶき）の屋根と意匠を凝らした堂々たる佇まい

大広間・持仏間【おおひろま・じぶつま】

持仏間は家庭の仏間にあたる場所です。弘法大師坐像を本尊として奉安し、両側に歴代天皇の御尊儀の位牌や歴代座主の位牌を祀っています。

持仏の前に広がる大広間は、重要な儀式や法要が執り行われる場所。見事な襖絵は、江戸時代初期の絵師・雲《うん》谷《こく》等《とう》顔《がん》の弟子・斉藤等室の筆によるものとされ、群《ぐん》鶴《かく》や松の絵が繊細かつのびやかに描かれています。

本尊の弘法大師坐像は延宝8年（1680）に造像して持仏間に安置。

大広間。2月に常楽会（じょうらくえ）、4月に仏生会（花祭り）などが行われる

梅の間【うめのま】

大広間の隣に位置するのが「梅の間」です。「梅月《ばいげつ》流水《りゅうすい》」という襖絵があることからその名が付きました。筆者は大広間の襖絵と同じ斉藤等室とされています。

柳の間【やなぎのま】

梅の間の隣にあるのが「柳の間」。襖に描かれた「柳鷺図《りゅうろず》」は、その落款から山本探斉によるものだとされています。

文禄4年(1595)に、豊臣秀吉の命によって高野山へ追放された関白・豊臣秀次が、ここで自害したことから「秀次自刃《じじん》の間」ともいわれています。部屋は当時のものではなく、再建されたもの。

蟠龍庭【ばんりゅうてい】

広さ2340㎡を誇る、日本最大級の石庭。昭和59年(1984)、弘法大師御入定1150年御遠忌大法会の際に造園されました。

雲海の中で、雌雄一対の龍が向かい合い、奥殿を守っているさまを表しています。龍は弘法大師空海の誕生地である四国産の花崗岩140個で、雲海は京都の白い砂で表現されています。

別殿【べつでん】

昭和9年(1934)、弘法大師御入定1100年御遠忌大法会の際に建てられた桃山様式の建物。東西に並ぶ各部屋には、昭和から平成にかけて活躍した文化勲章受章者の守屋多々志画伯による襖絵が並びます。西側の各部屋には、力強く描かれた牡丹、桜、睡蓮、楓といった四季の花、東側は、弘法大師空海の入唐から高野山開創までの情景を繊細なタッチで綴り、東西の部屋で画風の異なる絵を愛でることができます。

上段の間【じょうだんのま】

天皇や上皇が高野山に登られた際、応接間として使用されていた部屋です。

上々壇と装束の間があり、壁は総金箔押し、天井は折上式《おりあげしき》格天井《ごうてんじょう》の書院造り。上々壇の格天井はすべて花の彫刻が施されています。上段右側の襖の奥は「武者隠し」。隣の部屋とつながっており、ここから天皇や上皇の警護をしたそうです。

奥書院【おくしょいん】

皇族方の休憩所として使用されていた場所で、「上段の間」とともに格式の高い部屋とされていました。座敷内には防寒用の囲炉裏（土室）が備えられ、冬は薪を焚いて暖をとっていたそうです。

水墨の襖絵は、「雪舟四代」を名乗った雲《うん》谷《こく》等《とう》益《えき》と、その息子・雲谷等《とう》爾《じ》の筆によるものと伝えられています。

土室【つちむろ】

「囲炉裏の間」とも呼ばれる部屋。土室とは「土を塗り固めて作った部屋」という意味です。暖をとるため、土壁で囲んだ部屋の中に囲炉裏を設け、できるだけ保温効果を高めました。煙は屋根の外へ抜けるようになっています。

部屋の奥には、弘法大師空海自筆の愛染明王が祀られています。

台所【だいどころ】

多くの僧侶の食事を賄ってきた台所。湧き水を貯める高野槇の水槽や、年季の入った大きなかまど、天井からつり下ろした食物保存庫などが残っています。かまどのほかに、二石釜という大釜も。一つの釜で約7斗（98kg）のご飯を炊くことができ、三つの釜で一度に二石（280kg）、約2000人分のご飯を炊いていたそうです。

弘法大師空海が祈り続ける、最も神聖な霊域

【おくのいん】奥之院

入定後１１８０年経った今も、
禅定を続けているとされる弘法大師空海。
その御廟があるのが、聖地・奥之院です。
約２kmの参道には、多くの墓牌や供養塔が建ち並び、
御廟までの道のりは、身が引き締まるような
凛とした空気に包まれます。

奥之院

世界遺産

住　所　高野町高野山550
電　話　☎0736-56-2011（金剛峯寺）
時　間　境内自由、燈籠堂は6:00～17:00
料　金　拝観無料
アクセス　バス停奥の院口から徒歩すぐ（一の橋）
駐車場　中の橋駐車場利用

参道を抜け、御廟橋の右手前に現れる護摩堂。真ん中に座すのは不動明王坐像

「有りがたや、
高野の山の岩蔭に
大師はいまだ在《おわ》しますなる」

霧が煙る、神秘的な雰囲気の朝の奥之院

天井や棚に信者が奉納した燈籠がずらりと並ぶ燈籠堂の堂内

高野山に参詣した藤原道長が詠んだ有名な歌です。この歌によって「弘法大師空海は、今も奥之院に生き続け、世の中の平和と人々の幸福を願っている」という入定信仰が広がりました。

弘法大師御廟へは、表参道の入口である一の橋から。古くから弘法大師空海は、参詣者を一の橋まで迎え、帰りは見送ると言われています。

樹齢約六百年の杉並木が林立する約2㎞の参道を奥へと進んでいきます。両脇には、大小約20万基の供養塔がずらりと。歴代天皇から、親鸞や法然など宗派の異なる名僧、織田信長や武田信玄などの名だたる武将、全国の諸大名、そして無名の庶民まで。地位や宗派、敵味方を問わず、皆一緒に〝お大師さま〟のそばで眠りについているのです。

御廟橋から先は弘法大師御廟がある霊域です。橋の前で立ち止まり、脱帽、服装を正し、一礼してから橋を渡りましょう。橋より先は写真撮影も禁止です。

橋を渡り、御廟の拝殿である燈籠堂でお参りした後は、お堂の背後にある御廟の前で再拝を。〝お大師さま〟を最も近く感じる場所で、心清らかに結縁しましょう。

ココに注目!

生身供は朝6時と10時30分の1日2回。1200年もの間、粛々と繰り返されてきた儀式なんです!

今も生身のまま瞑想を続けているという弘法大師空海のもとへ、1日2回食事を届ける「生身供(しょうじんぐ)」。御廟橋の手前に建つ「御供所(ごくしょ)」で精進料理が作られ、僧侶3人が毎日燈籠堂まで運んでいる

燈籠堂【とうろうどう】

弘法大師御廟の前に建つ拝殿。真然《しんぜん》が建立し、治安3年（1023）に藤原道長が現在と同規模のお堂にしました。

堂内には、長和5年（1016）に祈親上人《きしんしょうにん》が献じた祈親燈《きしんとう》と、白河上皇が献じた白河燈の「消えずの火」があります。二つの火は千年近く燃え続けており、弘法大師空海の永遠の命のシンボルともいわれています。

護摩堂【ごまどう】

御廟橋の手前に建ち、堂内には、本尊の不動明王坐像や毘沙門天立像などが祀られています。また、お堂の右側に安置されている弘法大師坐像は、42歳の時に大師自ら彫った像とされ、「厄除大師」と呼ばれ信仰されています。毎月28日には、堂内で護摩祈祷が行われています。

嘗試地蔵【あじみじぞう】

弘法大師空海の食事を作る御供所《ごくしょ》の出入口前に、嘗試地蔵尊が安置されています。1日2回、僧侶が食事を運ぶ際、ここで地蔵尊に味見していただき、御廟へと運びます。もとは、弘法大師空海の弟子である愛慢《あいまん》・愛語《あいご》を、御厨明神《みくりやみょうじん》として祀っていたものだといわれています。

弥勒石【みろくいし】

御廟橋を渡った参道の左側、小さな祠の中にある弥勒石。その昔、弥勒菩薩の浄土・兜《と》率《そつ》天《てん》から落ちて来たといい、格子越しに手を入れて持ちあげることができます。性別や力の有無にかかわらず、罪の軽い人は軽く、重い人には重く感じるといわれることも。また、持ちあげることができた人は願いが叶うともいわれています。

汗かき地蔵【あせかきじぞう】

平安時代は禊の場だったという、一の橋と御廟橋の中間にある「中の橋」。その横に建つ地蔵堂のお地蔵様は、人々の苦しみを慈悲によって代わりに引き受けてくれるため、いつも汗をかいていると伝えられています。地蔵尊は黒っぽい石材に半肉彫りされており、ツユが吹いて本当に汗が流れているように見える時もあるそうです。

姿見の井戸【すがたみのいど】

汗かき地蔵のすぐ脇にある井戸。昔から、井戸を覗き込んで自分の姿が映らなければ三年以内に亡くなってしまうという恐ろしい言い伝えが残っています。また、弘法大師空海の夢のお告げで、勅使の患った病気がこの井戸水を飲んだところ、たちまち治ったことから「薬井」とも呼ばれています。

宗教芸術が一堂に会す、文化財の宝庫

高野山霊宝館【こうやさんれいほうかん】

開創以来、幾たびもの火災や自然災害に遭い、数多くの貴重な宝物が失われてきました。それらを保存するため、寄付や金剛峯寺の尽力により大正時代に誕生した美術館。現在では、国の指定文化財を含む優れた宝物を約10万点以上収蔵しています。折々に開催される特別展も見逃せません。

新館第1室には、重要文化財の阿弥陀如来坐像をはじめ、鎌倉時代の仏像などを見やすく展示

高野山霊宝館

住　所　高野町高野山306
電　話　☎0736-56-2029
時　間　5月～10月は8:30～17:30、11月～4月は8:30～17:00（入館は閉館の30分前まで）無休
料　金　拝観1300円
アクセス　バス停霊宝館前から徒歩すぐ
駐車場　あり

天井の意匠が目を引く「放光閣」。扁額の書は、大正12年に富岡鉄斎が揮毫したもの

本館内「紫雲殿」には、平清盛自ら頭血を絵具に混ぜて描かせたという「両界曼荼羅図<血曼荼羅>」の複製が展示されることも

高野山内の文化遺産を保存・展示する施設として、大正10年（1921）に建てられました。高野山内117の寺院に伝わる寺宝は実に膨大で、国宝・重要文化財などの指定文化財を約2万8000点、絵画、彫刻、工芸品、書跡などを約10万点収蔵しています。それら貴重な宝物は、年間さまざまな企画展や特別陳列などで鑑賞することができます。

建物は主に本館と新館から成り、収蔵点数が多くなるにつれ、昭和36年（1961）に大宝蔵（収蔵庫）、昭和59年（1984）に新館、平成15年（2003）に平成大宝蔵（収蔵庫）が新設されました。

日本現存最古の木造博物館建築で、平成10年（1998）に登録有形文化財に指定された

本館の南廊・隅廊・西廊の三室には、テーマ性のある絵画や書跡類、工芸品、彫刻類などが並ぶ

古代から近代までの書跡や工芸を中心に展示する新館第3室

当時の贅を尽くした、家康の東照宮

徳川家霊台【とくがわけれいだい】

徳川家康と秀忠の御霊を祀るため、三代将軍・徳川家光によって創建されました。向かって右が家康霊屋《たまや》、左が秀忠霊屋。いずれも三間四方の一重《ひとえ》宝形《ほうぎょう》造で、屋根は瓦棒銅板葺と呼ばれるもの。江戸時代の代表的な霊廟建築として重要文化財に指定されています。細やかな彫刻や金の飾金具などは目を見張るものがあり、思わず感嘆の声が漏れるほど。

内部は壁面、天井、厨子にいたるまで金銀蒔絵、極彩色飾金具などが施され、絢爛豪華な装い。通常内部は非公開ですが、毎年期間限定で特別公開されます。

徳川家霊台　重文　世界遺産

住所	高野町高野山682
電話	☎0736-56-2011（金剛峯寺）
時間	9:00～16:30（受付は16:10まで）
料金	拝観200円
アクセス	バス停浪切不動前から徒歩すぐ
駐車場	なし

落成は寛永20年（1643）。建造に10年の歳月がかかったという

生きる者を善へ導き、亡者を極楽に導くという引道地蔵尊（秘仏）を本尊として祀る

苅萱堂【かるかやどう】

生涯かけて師匠と弟子を貫いた親子悲話

「石童丸物語」ゆかりのお堂。筑前国の加藤《かとう》左衛《さえ》門尉繁氏《もんのじょうしげうじ》が、正室と側室の嫉妬による憎しみ合いに嫌気が差し出家。苅萱道心（等阿法師）と号して高野山で修行していました。そこに、側室の子・石童丸が父に会うため高野山を訪れますが、道心は自身が父親とは名乗らず、「亡くなった」と偽ります。唯一の頼りである母を亡くした石童丸は道心の弟子となり、生涯互いに名乗ることはなく、修行に励んだという悲話が残っています。その修行を行っていたのが、このお堂。堂内には、石童丸物語を30枚の絵で表した絵伝で見ることができます。

1枚ずつゆっくりと見て回りたい。順路の最後には苅萱道心、石童丸、母・千里姫の親子地蔵尊を安置（毎月24日開帳）

苅萱堂

住所	高野町高野山478
電話	☎0736-56-2202
時間	8:00〜16:00
料金	拝観無料
アクセス	バス停苅萱堂前から徒歩すぐ
駐車場	なし

貞応2年（1223）に建立された多宝塔。高さ14.9m。内陣には五智如来像（秘仏）を祀る

金剛三昧院《こんごうさんまいいん》

鎌倉時代の遺構が残る、世界遺産の寺

高野山内で、金剛峯寺が管轄する建物以外で唯一、世界遺産に登録されているお寺。建暦元年（1211）、源頼朝の菩提を弔うため、妻の北条政子が創建しました。やや奥まった地にあることから、幾度もの大火を免れ、創建当時の伽藍をはじめ、鎌倉時代の遺構が残っています。

なかでも国宝の多宝塔は、源頼朝と子・実朝の菩提を弔うために建立されたもので、日本で2番目に古い多宝塔です。

また、本尊の愛染明王は、政子が鎌倉時代の名仏師・運慶に依頼して造立したもので、良縁や安産、子孫繁栄など女性の願いを叶えてくれる仏さまとして信仰を集めています。

金剛三昧院　国宝　世界遺産

住所　高野町高野山425
電話　☎0736-56-3838
時間　8:00〜17:00（最終受付16:45）
料金　拝観300円（冬期は無料）、特別拝観時500円
アクセス　バス停千手院橋から徒歩10分
駐車場　あり
※宿坊としての利用も可能

4月下旬から5月中旬になると、天然記念物に指定されている大石楠花群が境内を彩る

静寂な闇の中で戒を授かる貴重な体験を

【こうやさんだいしきょうかい】

高野山大師教会

高野山真言宗の布教、御詠歌、宗教舞踊等を行う総本部。大正14年（1925）、高野山開創1100年記念として建立された大講堂は、本尊に弘法大師、脇仏に愛染明王と不動明王が安置されています。

こちらでは写経と授戒が体験できます。写経は約1時間30分、弘法大師像に見守られながら無心に般若心経と向き合いましょう。授戒は暗く静寂な堂内で、弘法大師空海より代々伝わる秘法、菩薩十善戒（日常生活の中で実践する仏教的規範）を阿闍梨《あじゃり》より授けていただけます。授戒は約30分で、宗派は問いません。

高野山大師教会

住　所	高野町高野山347
電　話	☎0736-56-2015
時　間	写経／9:00～15:00、 授戒／9:00～16:00
料　金	写経／奉納写経実修料1500円 授戒／入壇1000円
アクセス	バス停金剛峯寺前から徒歩3分
駐車場	あり

大きな石碑が目印。中の売店では、高野山開創1200年記念大法会イメージキャラクター「こうやくん」グッズも販売

旅先スナップ②

道路標識に屋根が付いてる!

雪の多い高野山。雪が積もって標識が見えにくくならないように、
屋根が付けられているのかな？

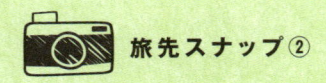

神秘の

高野山を楽しもう

一度はやってみたかった"高野山ならでは"が目白押し。
ここでしかできない体験で、心身をリフレッシュしましょう。

1 仏教体験

・阿字観
・写経
・数珠づくり
・宝来づくり
・心の癒し・お逮夜ナイトウォーク

2 森林浴

・森林セラピー
・ハイキング／女人道コース
・ハイキング／高野山町石道コース

3 宿坊体験

僧侶に一から教えてもらえるので初めてでも安心。最近は外国人客も多いのだそう

心静める瞑想で、内側から清らかに

1 仏教体験

阿《あ》字《じ》観《かん》

阿字観とは、真言宗に伝わる瞑想法の一つ。真言密教の本尊である大日如来を象徴する「阿」の梵「字」の前に座禅し、心で本尊を「観」じることから「阿字観」と称されています。

足を組み、左手の上に右手をのせ、大日如来と同じ印を結びます。目は半眼にし、「阿」の文字を真っすぐに見つめ、呼吸は腹式で。そして、すべての始まりである「あ（阿）」の音を呼吸に乗せ、ゆっくりと吐き出します。そのとき、自分の中の負の感情などを呼気とともに吐き出すことで、清らかな霊気がみなぎってくるのだそう。大日如来と一体になることを感じながら、静かな瞑想を。

体験したのは

金剛峯寺の阿字観道場

住　所　高野町高野山132
電　話　☎0736-56-2014（金剛峯寺教学課）
※土日祝日は☎0736-56-2015
開催日　例年4月末頃～11月末頃の毎週金～月曜
時　間　9:00、11:00、13:30、15:30の1日4回（所要約1時間）、予約不要（先着順）
※詳細はホームページ等にて要確認
料　金　1000円
（金剛峯寺拝観料1000円別途要）
アクセス　バス停金剛峯寺前から徒歩すぐ
駐車場　あり

《各宿坊でも体験できます》
問合せ　高野山宿坊協会 ☎0736-56-2616

金剛峯寺の阿字観道場。一般非公開で体験者のみ入堂できる

福智院では写経のための部屋でゆっくりと行える

1 仏教体験

写《しゃ》経《きょう》

願いを込めて書くことで、心スッキリ

仏教において大切なお経「般若心経」を書写するのが「写経」。今のように印刷技術がなかった時代、僧侶が仏法を広めるためにお経を書き写していましたが、やがてそれが庶民にも広がっていきました。弘法大師空海は、「生きとし生けるものたちを苦しみから救い安らぎを与え、経典の教えを深く学び思惟すれば、悟りの道を得る」と説いています。

文字は一字一字丁寧に、願いや感謝の気持ちを込めて書きましょう。一心に書き続けていると、時が経つのも忘れてしまうほど集中力が高まります。でき上がったときは、達成感と充実感でいっぱいになりますよ。

心の乱れが字に出てしまうので、精神統一して文字は丁寧に

体験したのは

福智院

住　所　高野町高野山657
電　話　☎0736-56-2021
料　金　1500円（奉納料と念珠代込）
※宿泊した方のみ体験可
アクセス　バス停高野警察前から徒歩2分
駐車場　あり

《高野山大師教会、各宿坊でも体験できます》
問合せ　高野山大師教会 ☎0736-56-2015
問合せ　高野山宿坊協会 ☎0736-56-2616

1 仏教体験

数珠《じゅず》づくり

名前入りのオリジナル数珠は宝物に

思い出にも記念にもなるマイ数珠づくり。
自分を見つめ直す時間にもなりそう

念仏を唱えるとき、祈りを捧げるときに欠かせない数珠。奥之院の近くにある「光木阿字館」は、オリジナル数珠を作ることができるお店です。

まずは館長の中前好史さんから弘法大師空海や高野山開創の話を聞き、般若心経を唱えて、心を落ち着かせます。そして、奥之院の霊木・高野杉や紫檀、梅の木などを使い、願いを込めながら一玉ずつ紐に通していきます。

最後に名前を入れれば、自分だけの数珠の完成です。「心が休まるように念珠づくりをしてほしい」と中前さん。心を込めて作った数珠は、日頃から愛用したくなりそうですね。

貴重な奥之院の霊木「高野杉」の母珠（もしゅ）をオレンジ、青、黄色の3色のやすりで順に磨いていく。オレンジは過去、青は現在、黄色は未来を表し、過去の反省や現在への感謝、未来への希望などを込めながら丸くなるように

紐は数種類の中から好きなものを選べる。紐に通す3つの数珠玉も好きな順に並べてOK

1

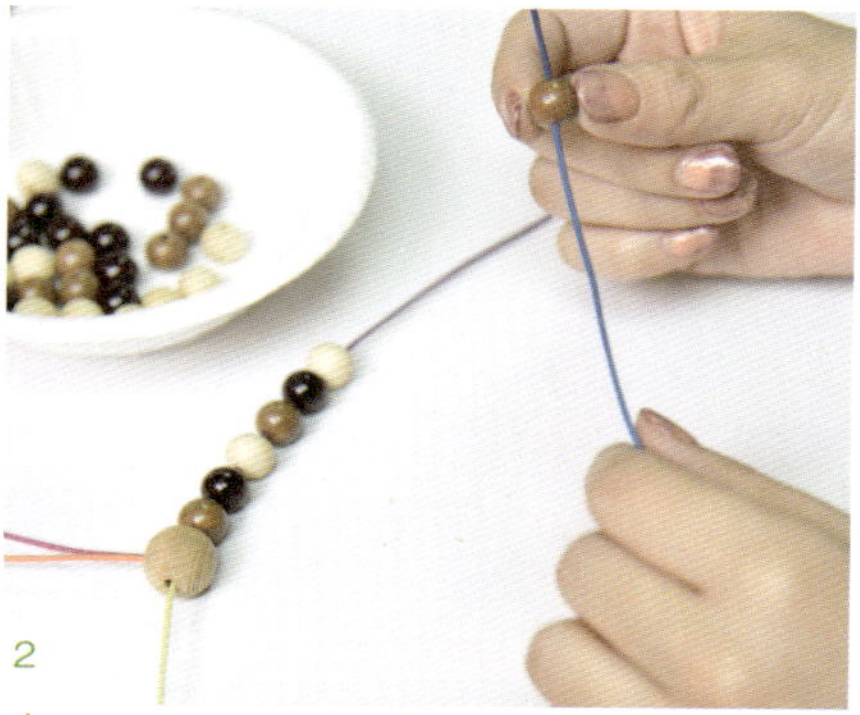

2

3

中前さんに手助けしてもらい、人と人との助け合いの心を感じながら、紐を編み込んでいく

4

高野檜でできた守り札に名前を焼き付ければできあがり！ 守り本尊の梵字が入れられた自分だけの数珠が完成

体験したのは

光木《こうぼく》阿字館《あじかん》

住　所　高野町高野山53
電　話　☎0736-56-2680
時　間　10:00～18:00、不定休
料　金　心癒す念珠づくり体験4500円（要予約）
アクセス　バス停玉川通りから徒歩2分
駐車場　あり

1 仏教体験

宝《ほう》来《らい》づくり

絵柄の上に、弘法大師空海が伝えたという「高野紙」を合わせて切り抜いていく

弘法大師が伝えた高野山の縁起物

山内のあちらこちらのお寺や商店で見かける、白い紙の切り絵。これは「宝来」という、しめ縄のような縁起物です。高野山は山間部にあるため稲作に適さず、しめ縄の材料となる稲の藁を確保するのは大変でした。そこで弘法大師空海が、しめ縄の代わりに切り紙を飾ったのが始まりといわれています。図柄は、新年の干支や「寿」、「宝珠」など縁起のいい文字や絵が多く、正月に無病息災などを願い、床の間や玄関に飾られ、一年間掛けられます。

宿坊の「福智院」では年中、宝来づくりを体験することができます。完成した宝来は持ち帰ることができるので、ぜひ自宅に飾ってみてください。

体験したのは

福智院

住所	高野町高野山657
電話	☎0736-56-2021
料金	2000円 ※宿泊もしくは昼食利用した方のみ体験可
アクセス	バス停高野警察前から徒歩2分
駐車場	あり

その年の干支か宝船の2種類から好きな絵柄を選べる

昼間とは違った雰囲気が楽しめるので、日にちを合わせて訪れたい

1 仏教体験

心の癒し・お逮《たい》夜《や》ナイトウォーク

普段は体感できない夜の奥之院で祈りを

弘法大師空海が奥之院に入定された旧暦3月21日に由来し、高野山では毎月21日は〝お大師さまの日〟とされています。その前日である毎月20日のお逮夜（縁日の前夜のこと）に、奥之院へお参りするのが、このナイトウォーク。「弘法大師に感謝し、人の幸せや世界平和を祈ろう」との思いから、始められました。

19時に奥之院表参道入口（一の橋案内所）に集合し、各々が提灯を持って灯りをとりながら御廟へ。特別開扉される奥之院燈籠堂では、お大師さまに日頃の報恩を捧げ、この日ならではのご法楽、法話が体験できます。

集合場所

一の橋案内所

電話 ☎0736-56-2468（高野町観光協会）
料金 無料
アクセス バス停奥の院口から徒歩すぐ
駐車場 あり

※奥之院燈籠堂の改修工事に伴い令和7年（2025）7月まで開催中止

森の中で体を動かすことでリラックス効果も高まりそう

2 森林浴

森林セラピー

癒しパワーあふれる森でリフレッシュ

山内全体が寺域であるため、多くの自然が保全される高野山。平成19年（2007）には「世界遺産・高野山千年の森」として、森林セラピー基地に登録されました。森林浴効果を科学的に検証した高野山の森林セラピーは、美しい森の風景や木々の香り、鳥や風の音色、木の感触など五感を研ぎ澄まし、心身ともにリフレッシュできる癒しのプログラム。セラピーガイドの案内のもと、高野山の歴史を学びながら自然に触れ、緑の中でハンモックに揺られることも。普段味わえない開放感やリラックスした時間を楽しむことができます。

心地いい森林の中で寝ころんで元気をチャージ

森林セラピーツアーのご紹介

●森林セラピー体験ツアー

高野山森林セラピーの看板プラン。奥之院周辺の歴史と自然に触れた後、森林の中の山小屋でゆったりリラックス。例年4～11月に月1回ほど開催されます。

料　金　5500円～（昼食・保険料込）

●森林セラピー×阿字観体験

人気の「阿字観」体験。専門講師の指導のもと、真言宗の瞑想法として伝わる「阿字観」を、開放的な大自然の中で体験できるプラン。

料　金　6600円～（昼食・保険料込）

●五感+αで感じるセラピーツアー

五感で感じることで癒し効果を楽しむプラン。

料　金　5500円～（昼食・保険料込）

●森林セラピールートを巡る古道歩きツアー

高野山参詣道を歩くトレッキングプラン。

料　金　6600円～（昼食・保険料込）

問合せ　☎0736-56-2828（高野山寺領森林組合）

※詳細・申込はホームページを確認

https://www.forest-koya.com

高野山には生命力あふれる樹齢数百年から千年にもなる巨木も

2 森林浴

ハイキング 女人《にょにん》道《みち》コース

女人禁制の時代を思い、感謝の心で歩く

昔、高野山への登山道は7つあり「高野七口」と呼ばれていました。明治5年（1872）に女人禁制が解かれるまで、女性が高野山内に入ることは禁じられていたため、高野七口の各入口には、女性のための参籠所である「女人堂」が建てられていました。御廟を拝むため、周囲にそびえる八葉蓮華の峰々をたどり、女人堂から女人堂へと歩いた道を「女人道」と呼んでいます。唯一現存する不動坂口の女人堂から「奥の院前」バス停までの道のりを歩く「女人道コース」は、現在ハイキングコースとして多くの女性が歩いています。かつての女性たちと同じ道をたどりながら、歴史や自然に触れ、歩を進めてみませんか。

相の浦口付近

唯一現存する女人堂。当時は女性らがひと晩中、真言を唱えていたといわれている。令和2年に「女人高野」が日本遺産に認定された

高野山
女人道コース
MAP
N
お手洗
展望ポイント
休憩所
通行禁止
南海高野線
極楽橋駅
高野山
ケーブル
高野山駅
バス専用
道路
休
弁天岳
谷上女人堂跡
大門口女人堂跡
不動坂口女人堂
大門
龍神口女人堂跡
壇上伽藍
金剛峯寺
奥之院参道
至弘法大
御廟
相の浦口女人堂跡
奥の院前
(中の橋)
大峰口女人堂跡
五大尊堂跡
大滝口女人堂跡
円通律寺
高野山
女人道コース
距離／約6.9km
所要時間／約2時間20分
不動坂口女人堂
0.9km／20分
弁天岳
1.0km／17分
龍神口女人堂跡
1.6km／30分
相の浦口女人堂跡
0.6km／15分
大滝口女人堂跡
2.8km／55分
奥の院前(中の橋)

卒塔婆形町石は高さ3m超。密教の仏尊を示す梵字と高野山に至る残りの町数、寄進者の願文が刻んである

2 森林浴

ハイキング 高野山町《ちょう》石《いし》道《みち》コース

万人の信仰心が往来する祈りの道

弘法大師空海によって高野山開創直後に開かれた表参道。九度山の慈尊院から高野山奥之院の弘法大師御廟に至る全長約23㎞の参詣道で、道沿いには、一町（約１０９ｍ）ごとに卒塔婆形町石が２１６基建てられています。

もとは弘法大師空海が建てた木製の卒塔婆でしたが、鎌倉時代、幕府の有力御家人・安達泰盛らの尽力で、朝廷や貴族、武士などの寄進により、石造の卒塔婆が建立されました。それが今日残る卒塔婆形町石です。卒塔婆はただの道標ではなく、開創の頃より数多の巡礼者らが、一町ごとに礼拝をしながら登山したといわれています。この道は、「紀伊山地の霊場と参詣道」として、世界遺産にも登録されています。

町石慈尊院側1番石は、壇上伽藍の中門の西側に建つ

高野山
町石道コース
MAP
N
お手洗
展望ポイント
休憩所
店舗売店
通行禁止
1〜180町石
学文路《かむろ》駅
道の駅
柿の郷くどやま
慈尊院
勝利寺
展望台
真田庵
丹生官省符神社
九度山駅
雨引山分岐
一里石
六本杉峠
丹生都比売神社
古峠
二ツ鳥居
応其池
神田地蔵堂
二里石
高野下駅
下古沢駅
上古沢駅
南海高野線
370
紀伊神谷駅
紀伊細川駅
極楽橋駅
高野山ケーブル
高野山駅
バス専用道路
女人堂
笠木峠
三里石
みまもり地蔵
矢立茶屋
袈裟掛石
押上石
四里石
鏡石
480
壇上伽藍
金剛峯寺
大門
高野山
町石道コース
距離／約21km
所要時間／約6時間30分
九度山駅
0.5km／8分
真田庵
1.0km／15分
慈尊院
2.9km／60分
雨引山分岐
1.8km／35分
六本杉峠
1.4km／25分
古峠
0.4km／8分
二ツ鳥居
0.8km／15分
応其池
2.9km／50分
笠木峠
3.3km／55分
袈裟掛石
2.1km／40分
四里石
3.1km／60分
大門
0.7km／10分
壇上伽藍

麓にある
世界遺産3社寺

高野山町石道の始点にあたる「慈尊院」、「丹生官省符神社」、
そこからしばらく進んだ先にある「丹生都比売神社」の3社寺は、
いずれも「紀伊山地の霊場と参詣道」として、世界遺産に登録されています。
弘法大師空海と高野山開創にゆかりの深い、由緒ある社寺を訪ねましょう。

平安時代末期の趣きを残す弥勒堂。国の重要文化財に指定されている

住　所　九度山町慈尊院832
電　話　☎0736-54-2214
時　間　8:00～17:00
料　金　拝観無料
アクセス　南海九度山駅から徒歩20分
駐車場　あり

世界遺産

【じそんいん】
慈尊院

弘仁7年（816）、弘法大師空海が高野山開創に際し、参詣の要所にあたるこの地に伽藍を草創。庶務を司る政所や宿所などが置かれました。高野山が女人禁制だった当時、女人の高野参りはこの地までで、空海の母も山へ上がることが許されず、この寺で生涯を過ごしました。没後、空海は母親が崇拝していた弥勒菩薩座像と御母公像を安置するため弥勒堂を建立。「女人高野」と呼ばれ、子授けや安産等を願う多くの女性が今も訪れています。

かつては官省符荘（荘園）の総社として栄えた

住　所　九度山町慈尊院835
電　話　☎0736-54-2754
時　間　境内自由、授与所9:00～17:00
料　金　拝観無料
アクセス　南海九度山駅から徒歩30分
駐車場　あり

世界遺産

【にうかんしょうぶじんじゃ】
丹生官省符神社

慈尊院とともに弘法大師空海が創建。主神の丹生都比売大神《にうつひめのおおかみ》の御子・高野御子大神《たかのみこのおおかみ》（狩場明神）が、空海の前に猟師の姿で現れ、従えていた2頭の犬を放って空海を高野山へ導いたとされています。このことから、導き（縁結び）の神様として信仰を集めています。

朱塗りが美しい本殿は、天文10年（1541）に再建されたもので、国の重要文化財に指定されています。また、真田幸村が奉納したと伝えられる太刀も所蔵しています。

室町時代に建立された入母屋造桧皮葺の楼門。国指定重要文化財

住　所　かつらぎ町上天野230
電　話　☎0736-26-0102
時　間　境内自由、授与所8:45～16:30
料　金　拝観無料
アクセス　JR笠田駅からかつらぎ町コミュニティバス
丹生都比売神社行きで30分、終点下車、徒歩すぐ
駐車場　あり

世界遺産

【にうつひめじんじゃ】
丹生都比売神社

1700年以上前に創建された紀伊国一之宮。天照大御神の妹神「丹生都比売大神《にうつひめのおおかみ》」を祀る、全国180余社の総本社です。弘法大師空海は、丹生都比売大神より神領である高野山を授かり、開山するに至りました。ゆえに空海は、壇上伽藍の御社《みやしろ》にも大神を祀りました。

国の重要文化財に指定される本殿は、日本最大の規模を誇る一間社春日造で、平成26年（2014）11月に正遷宮が行われました。2年かけて、檜皮葺《ひわだぶき》屋根の葺き替えや彩色の塗り替えが行われました。

3 宿坊体験

宿坊に泊まろう

心と体を綺麗に、私をリセットできる場所

高野山には、寺院が117ヶ寺あり、そのうち51ヶ寺が宿坊寺院です。今のように交通の便が発達していない時代、お参りに来る信者らは、自分に縁のある寺院に宿泊するという慣習がありましたが、現在では誰でも好きな宿坊に泊まることができます。

〝お寺に泊まる〟というと「広い堂内に他の人と寝泊まりするのでは」などと思う人もいるようですが、部屋は個室で、民宿や旅館のように整った設備を持つ宿坊がたくさんあります。清潔に保たれた和の客室は居心地がよく、食事は丁寧に盛られた精進料理が用意され、般若湯と呼ばれるお酒をいただくことも。お世話は修行僧がしてくれます。そのほか美しい庭園、温泉、宝物の展示など、宿坊によってさまざまな特徴がありますので、自分に合う宿坊を探してみてください。

翌日は早朝からお勤めがあります。静寂な朝の時間に響く読経の声。貴重な体験となりますので、できるだけ参加することをおすすめします。その後にいただく朝食は、いつもより清々しい心で味わうせいか、有難くおいしく感じますよ。

宿坊は旅館ではなく、あくまでお寺。修行の場であり、信仰の場です。心身はリラックスさせながらも、節度を持って行動するよう心掛けましょう。

宿坊寺院一覧

●問合せ：高野山宿坊協会 ☎ 0736-56-2616

福智院	☎0736-56-2021
本覚院	☎0736-56-2711
無量光院	☎0736-56-2104
本王院	☎0736-56-2134
普門院	☎0736-56-2224
普賢院	☎0736-56-2131
高室院	☎0736-56-2005
金剛三昧院	☎0736-56-3838
西門院	☎0736-56-2031
大円院	☎0736-56-2009
成福院	☎0736-56-2109
持明院	☎0736-56-2222
三宝院	☎0736-56-2004
不動院	☎0736-56-2414
北室院	☎0736-56-2059
遍照光院	☎0736-56-2124
地蔵院	☎0736-56-2213
密厳院	☎0736-56-2202
上池院	☎0736-56-2318
大明王院	☎0736-56-2521
光明院	☎0736-56-2149
恵光院	☎0736-56-2514
熊谷寺	☎0736-56-2119
宝善院	☎0736-56-2658
赤松院	☎0736-56-2734
清浄心院	☎0736-56-2006

西南院	☎0736-56-2421
報恩院	☎0736-56-2350
桜池院	☎0736-56-2003
宝亀院	☎0736-56-2018
遍照尊院	☎0736-56-2434
増福院	☎0736-56-2908
成就院	☎0736-56-2430
釈迦文院	☎0736-56-2639
常喜院	☎0736-56-2321
天徳院	☎0736-56-2714
正智院	☎0736-56-2331
宝城院	☎0736-56-2431
西禅院	☎0736-56-2411
明王院	☎0736-56-2106
龍光院	☎0736-56-2105
親王院	☎0736-56-2227
総持院	☎0736-56-2111
蓮花院	☎0736-56-2017
一乗院	☎0736-56-2214
安養院	☎0736-56-2010
蓮華定院	☎0736-56-2233
西室院	☎0736-56-2511
南院	☎0736-56-2534
光台院	☎0736-56-2037
龍泉院	☎0736-56-2439

立派な表門。観光の拠点としても便利な立地

3 宿坊体験

【いちじょういん】

一乗院

細部にまでこだわる懐石風精進料理が人気

中央案内所の近く、好立地に建つ人気の宿坊。平安時代前期、善化上人によって開基され、霊元天皇をはじめ、五摂家のひとつ九条家や江戸時代の諸大名から篤い信仰が寄せられていました。１５００坪の境内には、見事な回遊式庭園を中心に堂棟が建ち、客室などからも四季折々に違う表情を見せる庭園を眺めることができます。

梢月亭の間

秋には紅葉が境内を彩る

本堂内の天井絵

人気の理由は、料理の質の高さ。旬と生の食材を使うことにこだわり、素材のおいしさを最大限に引き出すよう調理。料理によって数種類の昆布を使い分けるなど、細部まで丁寧に作られています。

客室はさまざまなタイプがあり、新館は部屋に洗面所やトイレ、冷蔵庫、テレビなどが付いているほか、全室インターネット接続が可能です。

一乗院

住所	高野町高野山606
電話	☎0736-56-2214
料金	1泊2食付2万4000円～
アクセス	バス停千手院橋から徒歩2分
駐車場	あり

旬の食材を生かし、すべて手作りされる精進懐石料理

坪庭が望める明るく開放的な中風呂

3 宿坊体験

【ふどういん】

不動院

古きと新しきが融合する、ハイセンスな空間

通りから少し奥まった場所にあるので、静寂の中、有意義なひとときを過ごせる宿坊。延喜7年（906）、済高大僧正が西谷に開基した12ヶ院のひとつです。鳥羽天皇の皇后・美福門院陵があるほか、山階宮家の菩提寺としても知られています。

こちらの特徴の一つが、高野山の宿坊では珍しく、全客室にトイレ・洗面所が付いていること。さらに、平成23年に完成した離れには、専用の檜風呂が付く部屋や、ゆったりと湯浴みができる離れ専用の家族風呂を完備。きれいでセンスのいい部屋は、最高級のくつろぎを与えてくれること間違いなし。また、高野山や弘法大師空海、仏教関連書物が数千冊所蔵されているライブラリーもあり、滞在中の読書にも困りません。

不動院

住　所	高野町高野山456
電　話	☎0736-56-2414
料　金	1泊2食付2万5000円～ （2名1室利用時の1名料金）
アクセス	バス停蓮花谷から 徒歩3分
駐車場	あり

書院で食事をしながら望め、夕方にはライトアップされる

図書室には最新のAVシステムも設置されているので、
仏教関連のDVDなどの鑑賞も自由にできる

平成元年に改修された吉仙庭。色とりどりの四季の花が咲き、池では鯉の泳ぐ姿も

喧騒を離れ、静かな心でリラックスできる

離れ「金松の間」。床柱に高野槙、洗面に信楽焼を使用。専用の檜風呂も付くので気兼ねなく入浴できるのも魅力

手の込んだ精進料理を提供。天ぷらは席に着いてから揚げたてを運んでくれる

3 宿坊体験

【ふくちいん】

福智院

山内唯一の温泉でくつろぎと癒しを

800余年前、覚印阿闍梨によって開基。福徳円満所願成就にご利益のある愛染明王を本尊として祀っています。境内には、昭和を代表する作庭家・重森三玲の最晩年の庭園が3つあり、夜になると、それぞれの特徴を生かしたライトアップがされています。

　なかでも好評なのは、お風呂。高野山内唯一の天然温泉が楽し

高野槇の湯船が3つ備わる露天風呂「桃源」

めます。男女それぞれ趣の異なる露天風呂や、高野槇造りの浴場で、旅の疲れをじっくりと癒すことができます（入浴は15時～翌朝9時）。

また、写経や写仏、宝来や念珠づくりなど仏教体験も豊富なので、一人旅でも充実した夜を過ごせます。

福智院

住　所　高野町高野山657
電　話　☎0736-56-2021
料　金　1泊2食付1万3200円～
（2名1室利用時の1名料金）
アクセス　バス停高野警察前から徒歩2分
駐車場　あり

井伊直弼をはじめ、ゆかりの諸大名の遺品や古美術も所蔵

地産の旬の野菜や高野豆腐、手作りの胡麻豆腐などを使った高野山らしい精進料理がいただける

本尊の愛染明王を祀る本堂。朝の勤行もここで行われる

旅先スナップ③

大きな手のベンチ!?

「ほとけのみ手」と書かれた大きなこの手に座ると、
仏さまのご利益がいただけるそうですよ!

おいしい

高野山を味わおう

精進料理に代表される高野山グルメは、はずせません。
たっぷり堪能した後は、おいしい名産も忘れずに持ち帰りましょう。

- 精進料理とは
- 食事処
- カフェ
- みやげ

精進料理とは

僧侶間の振舞料理がはじまり

精進料理とは、仏教の教えに従い、肉や魚を使わず、野菜を中心にした料理のこと。「精進」とは、「悪を断って善を行い、つとめに励む」という意味で、仏教では食も修行の一つと考えられています。天地の恵みをいただくことに感謝し、その心を養うことが大切とされています。

高野山では昔から、重要な儀式などが執り行われた後、僧侶間に振る舞われる精進料理のことを「振舞料理」と呼び、その作法形式が現在に引き継がれ、宿坊に泊まる参拝客にも接待料理として出されるようになったといわれています。

「五法・五味・五色」を大切に

高野山の精進料理の基本は、「五法・五味・五色」。「五法」とは、「生」「煮る」「焼く」「揚げる」「蒸す」の調理法のこと。「五味」は、「醤油」「酢」「塩」「砂糖」「辛」の味のこと。「五色」は、「赤」「青」「黒」「黄」「白」の色彩のことをいいます。見た目にも鮮やかで、味のバランスも良く、料理のバリエーションも豊富な所以は、その基本にありました。さらに高野山では「五禁」といって、ネギ、ラッキョウ、ニラ、ニンニク、ショウガといった、香りの強い野菜は使ってはいけないとされています。

各宿坊ではさまざまに工夫を凝らした精進料理がいただけます。昼食だけの利用ができる宿坊もあるほか、食事処で気軽に味わうこともできます。

「揚柳膳」

食事処

高野山料理 花《はな》菱《びし》

山内屈指の名店で本格的な精進会席を

明治初期創業の老舗日本料理店。昭和天皇皇后両陛下の高野山行幸の折に調理を担当した名店です。本格的な精進料理から、肉や魚を使う会席料理、気軽に味わえる御膳まで幅広く揃えています。

人気の「揚柳膳」は、本膳と二の膳からなる、見た目にも豪華な精進会席。コンニャクを造りに見立てた活盛や、わさびあんをかけた手作りのごま豆腐のほか、昆布やシイタケ、かんぴょう、煎り米からとった精進ダシが染みた煮合せなど、どれも丁寧で手間のかかった一品ばかり。食べ終わる頃には、お腹も心もいっぱいに満たされます。

住　所　高野町高野山769
電　話　☎0736-56-2236
時　間　11:00～18:00※18:00以降は予約制、1･2月は～17:00 不定休(8･11月は無休)
アクセス　バス停千手院橋から徒歩すぐ
駐車場　あり

食事処

中央食堂 さんぼう

弘法大師の教えを守る精進料理

女人禁制だった時代から食事処を営む老舗。宿坊に泊まらなくても精進料理が味わえるようにと、菜食メニューを始めました。

精進花篭弁当は、花篭の中に、旬の野菜を使った炊合せ、天ぷら、粟麩の田楽、刺身コンニャク、胡麻豆腐などが配された可愛い御膳。味の決め手となる精進ダシは、昆布、大豆、シイタケからとり、ダシをとった昆布は漬物に、大豆はご飯に混ぜて炊くなど、弘法大師空海が説いた「生かせいのち」という教えに従い、食材を無駄にせず、余すことなく使っています。体の内側から清められるような滋味をいただきましょう。

住所　高野町高野山722
電話　☎0736-56-2345
時間　11:00～売切次第閉店、不定休
アクセス　バス停千手院橋から徒歩2分
駐車場　なし

精進花篭弁当2750円。ご飯は麦大豆ご飯または白ご飯から選べる

カフェ

梵恩舎《ぼんおんしゃ》

異国情緒が心地いい、アートなベジカフェ

明治時代に建てられた古民家で、日本人のご主人とフランス人の奥様が営むカフェギャラリー。外国人観光客も多く、憩いの場になっています。

手作りのケーキやドリンクのほか、ベジタリアンの夫妻が供するランチが人気。ヒヨコ豆のトマトソース煮込みと玄米、ブロッコリーのベジロール、ヒヨコ豆のペーストをのせた自家製パンなどがワンプレートに盛られ、日替わりのスープ、ケーキ、ドリンクが付く充実の内容。精進料理とは違ったベジフードが楽しめます。

店内には奥様のベロニクさんが描いた作品のほか、高野山の陶芸家の陶器の展示販売も行っています。

住　所　高野町高野山730
電　話　☎0736-56-5535
時　間　9:00～日没、月･火曜休、その他不定休あり
アクセス　バス停小田原通りから徒歩2分
駐車場　なし

1.仲むつまじいご主人の柘植健さんと奥様のベロニクさん
2.黒のサインペンで描かれたベロニカさんの作品。「インスピレーションで描いています」
3.高野山在住の2人の作家の陶器を展示する、木の温かみを感じる店内
4.明治時代築の三軒長屋。レトロな木の看板も風情たっぷり

1 2
3 4

今日のランチ（ケーキとドリンク付き）1300円。スープは日替わりで、この日はキノコと里芋のスープ

カフェ&みやげ

西利《にしり》

買物後は豆腐スイーツでほっこり

金剛峯寺の前で明治時代初期から営むみやげ物店。数珠や線香をはじめ、高野豆腐などの特産品やお菓子など、数多くの商品を販売し、週末には多くの観光客で賑います。

すぐ隣には、ショッピング後の休憩にピッタリなお茶処を併設。コーヒーや紅茶、抹茶などのドリンクに100円をプラスすると、豆腐スイーツをセットすることができます。豆腐ケーキ、豆腐クッキー、豆腐ショコラの3種類あり、なかでも一番人気は豆腐ケーキ。豆腐スイーツは、いずれもみやげ物店で販売しているので、持ち帰ることもできます。

ほかに、よもぎもちや高野山名物のあんぷ（生麸まんじゅう）などもいただくことができます。

住　所　高野町高野山784
電　話　☎0736-56-2145
時　間　9:00〜17:00（喫茶処は16:30LO）、木曜休（祝日の場合は営業）、冬期は土・日、祝日のみ営業 ※お茶処は冬期休業
アクセス　バス停千手院橋または金剛峯寺前から徒歩すぐ
駐車場　なし

オーナーの祖父が趣味で収集した貴重な古美術が並ぶ店内。仏具から工芸品、和歌山県の特産品まで幅広くみやげ物を揃える

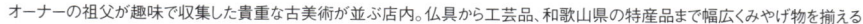

豆腐ケーキと有機栽培珈琲の
セット700円

みろく石本舗 かさ國《くに》

住　所　高野町高野山764
電　話　☎0736-56-2327
時　間　8:00～17:00
　　　　不定休
アクセス　バス停小田原通りから徒歩すぐ
駐車場　あり

大正時代から変わらず愛される味

じっくり炊き上げた餡が上品な、みろく石120円

みろく石

明治4年(1871)に創業した金剛峯寺御用達の和菓子店。店内のショーケースには、常時約10種類の生菓子や焼き菓子などが並びます。代表的な銘菓は、店名にもなっている「みろく石」。奥之院の参道脇にある弥勒石(P65に掲載)をかたどった焼き菓子で、地元の鶏卵業者から仕入れる新鮮な卵を使った生地の中に、北海道まで直接仕入れに行くという十勝産の小豆のつぶ餡がぎっしりと詰まっています。

よもぎ香る、モッチリ生麩まんじゅう

笹巻あんぷ

約180年前の文政年間に創業した、高野山唯一の生麩店。保存料や調味料を一切使わない無添加の生麩を販売する専門店が作る生麩のまんじゅう「笹巻あんぷ」が人気を集めています。

「あんぷ」とは、こし餡を生麩で包んだまんじゅうのこと。よもぎを混ぜた麩の中に餡を入れ、それを熊笹でくるんでいます。モチッとした食感の生麩とあっさりめの餡との相性が絶妙で、よもぎと笹の葉の香りがふわっと広がります。

毎日手作りされる生麩もおみやげに

麩善《ふぜん》

住　所　高野町高野山712
電　話　☎0736-56-2537
時　間　9:00～17:00（売り切れ次第終了）
月曜休（祝日の場合は翌日）
※冬期は不定休
アクセス　バス停高野警察前下車、徒歩3分
駐車場　なし

笹巻あんぷ1個180円。昭和62年に販売され、今や高野山みやげの定番に

高野山般若湯原酒。
お遍路の絵が描かれた白磁の瓶（左）1820円（300ml）、
（右）1490円（300ml）

みやげ

般若湯《はんにゃとう》

大正時代から変わらず愛される味

お酒好きの人におすすめなのが「高野山般若湯」です。般若湯は、寺で使われる隠語で酒のこと。仏教の「五戒」には「酒を飲んではいけない」という戒めがありますが、弘法大師空海は酒の効用を認め、寒さ厳しい冬に、体を温めるために飲んでいたとされています。

「高野山般若湯」は山麓にある初桜酒造が醸造。女人禁制の時代は、馬の背に乗せて酒樽を運んだとの逸話も。瓶もレトロで可愛く、おみやげに喜ばれること間違いなしです。

勝間屋《かつまや》

住　所	高野町高野山782
電　話	☎0736-56-2334
時　間	7:00～18:00、月曜休
アクセス	バス停千手院橋から徒歩3分
駐車場	なし

みやげ

酒まんじゅう

懐かしさを呼ぶ、亀印の高野山名物

大門のすぐ裏に店を構える和菓子店。風情ある看板やレトロな店内が懐かしさを誘います。創業は100年以上前、現4代目の主人が昔ながらの味を引き継ぎ、毎朝手作りしています。看板商品は、高野山名物にもなっている酒まんじゅう。生地に麹を練り込んでいるから、頬張るとお酒の芳醇な香りがふわり。中は自家製のこし餡で上品な甘さ。縁起のいい亀の甲羅の焼き印も可愛く、女性心をくすぐります。

南峰堂《なんぽうどう》

住所	高野町高野山803
電話	☎0736-56-2316
時間	9:00～17:00、不定休
アクセス	バス停大門から徒歩すぐ
駐車場	なし

酒まんじゅう1個140円。
店内に腰掛けて味わうこともできる

胡麻豆腐400円

般若心経を唱えて
練り上げたなめらかな味

みやげ

ごま豆腐

明治初期ごろに創業。もともとは木綿豆腐をメインに扱っていましたが、現在は、50年ほど前から主軸となっているごま豆腐のみを製造販売しています。

　高野山のごま豆腐が一般的なものより色が白いのは、ごまの皮をむいて白い実の部分を使っているから。ごまの油臭さがないのはこのためです。

　こちらで使用する材料は、ごまと吉野本葛、そして敷地内から湧き出る軟水の井戸水。毎朝、般若心経を唱えながらじっくりと練り合わせて煮あげることで、なめらかな食感を生み出しています。

　ごま豆腐は鮮度が重要で、その日販売する分しか作らないとのこと。生ものなので、持ち帰りの際は、保冷ボックスなどを持参すると便利です。また、店内でいただくこともでき、わさび醤油または和三盆添えのいずれかで味わえます。スイーツ感覚で楽しめるので、散策の休憩に立ち寄るのもおすすめです。

和三盆とミルクのかかった抹茶胡麻豆腐600円は土日祝限定

風格ある佇まい。ごま豆腐の持ち帰りは保冷BOX持参がおすすめ

濱田屋《はまだや》

住　所　高野町高野山444
電　話　☎0736-56-2343
時　間　9:00～17:00（売切れ次第閉店）
　　　　不定休
アクセス　バス停小田原通りから
　　　　徒歩3分
駐車場　あり

みやげ

コンフィチュール＆和蜜

旬の果物と愛情がたっぷりの無添加ジャム

ジャムはすべて150g 780円。
2015年の和歌山県推奨優良県産品「プレミア和歌山」にも選ばれた逸品

高野山麓で採れた希少な天然ハチミツ

日本はちみつ「和蜜」
130g1900円

近隣で低農薬栽培された季節の果物を使い、保存料や着色料などの添加物を一切使用せず手作りするコンフィチュール。自家栽培のブルーベリーをはじめ、高野山麓・九度山の名産の柿、イチゴ、キウイ、桃など常時5～6種類、年間8～9種類が揃います。「和蜜」は、高野山麓に生息する野生の日本ミツバチから採蜜した希少なハチミツ。無添加・非加熱で天然成分100％の百花蜜です。フルーティーでまろやかな味わいが特徴です。

CONFITURE KOYA《コンフィチュール コウヤ》

住所　高野町高野山261（加勢田石油店内）
電話　☎0736-56-4367
時間　7:00～19:00、無休
アクセス　バス停愛宕前から徒歩すぐ
駐車場　あり

旅先スナップ④

超ビッグサイズ!な下駄

履物屋の表にディスプレイされている大きな下駄に、
思わず釘づけ! もちろん人間サイズも販売中。

便利な

高野山インフォメーション

高野山の年中行事や観光情報、交通アクセスなど、
役立つ情報を事前にチェックしておきましょう。

- 高野山の年中行事
- 高野山観光情報
- アクセスガイド
- インデックス

旧暦3月21日　旧正御影供

1月5日　大塔修正会

高野山の年中行事

1月

1日～3日　奥之院・金堂修正会《しゅしょうえ》【奥之院・金堂】

5日　大塔修正会【大塔】

2月

3日　節分会《せつぶんえ》【大塔】

14日15日　常楽会《じょうらくえ》（涅槃会）【金剛峯寺】

3月

第1日曜　「高野の火まつり」春の山開き【金剛峯寺前広場】

彼岸中日の前後3日間　春季金堂彼岸会《ひがんえ》【金堂】

21日　正御影供《しょうみえく》【奥之院】

旧暦3月21日　旧正御影供《きゅうしょうみえく》【御影堂】

4月

8日　仏生会《ぶっしょうえ》【金剛峯寺】

10日　大曼荼羅供《だいまんだらく》【金堂】

21日　奥之院《おくのいん》萬燈会《まんどうえ》【奥之院】

5月

3日～5日　結縁灌頂《けちえんかんじょう》【金堂】

6月第2日曜　宗祖降誕会（青葉まつり）

8月13日　萬燈供養会（ろうそく祭り）

6月

旧暦6月9日・10日　内談議《うちだんぎ》【金剛峯寺】
旧暦6月10日・11日　御最勝講《みさいしょうこう》【山王院】
第2日曜　青葉まつり【金剛峯寺前広場他】
15日　宗祖《しゅうそ》降誕会《ごうたんえ》【高野山大師教会】

7月

1日　准胝堂《じゅんていどう》陀羅尼会《だらにえ》【准胝堂】
15日　御国忌《みごき》【大塔】

8月

7日〜13日　不断経《ふだんぎょう》【金堂】
11日　盂蘭盆会《うらぼんえ》【金剛峯寺】
13日　萬燈《まんどう》供養会《くようえ》（ろうそく祭り）【奥之院】

9月

11日　傳燈国師忌《でんとうこくしき》【金剛峯寺】
彼岸中日の前後3日間　秋季金堂彼岸会《ひがんえ》【金堂】
23日　一座《いちざ》土砂加持法会《どしゃかじほうえ》【金堂】

10月

1日〜3日　奥之院《おくのいん》萬燈会《まんどうえ》【奥之院】
1日〜3日　結縁潅頂《けちえんかんじょう》【金堂】
16日　明神社秋季大祭【山王院】
27日　諡號奉讃会《しごうほうさんえ》【奥之院】

高野山観光情報

【観光案内所】

高野山観光情報センター

建物奥には金剛峯寺の第二駐車場があり、車を置いて散策するときにも便利

高野山の観光案内と情報を発信する、JNTOカテゴリー2認定のインフォメーション施設。案内カウンターには、外国語を話せるスタッフが常駐し、高野山をはじめ和歌山県内の観光パンフレットがたくさん並びます。また、高野山の主要スポットのパネル展示や、歴史や文化を紹介する映像を見ることができるので、散策前に立ち寄るのがおすすめ。テーブルが置かれたスペースは自由に使え、休憩スポットとしても利用できます。

住　所	高野町高野山357
電　話	☎0736-56-2780
時　間	9:00～17:00、12月29日～1月3日休館
アクセス	バス停霊宝館前から徒歩3分
駐車場	あり

館内は高野霊木をはじめ高野山内の木材をふんだんに使用している

インフォメーションカウンター。
月間の行事案内も表示されている

高野山内でつくられた工芸品の販売も

パネルは日本語と英語が併記され、スマートフォンでQRコードを読み込むと7か国語に自動翻訳される

【レンタサイクル】
高野山宿坊協会 中央案内所

高野山の中心部にあるこちらの案内所では、自転車の貸出を行っています。台数は全10台、すべて電動アシスト付きなので、坂道もラクチンです。西の「大門」から東の奥之院手前の「中の橋」まで、東西約3㎞の距離があり（奥之院は自転車の通行禁止）、気持ちのいい風を感じながら、お寺や自然に囲まれた道を走ってみては。

料　金　1時間まで400円、30分超過ごとに100円加算
※雨天・積雪の際は貸出なし
※小学生以下利用不可
住　所　高野町高野山600
電　話　☎0736-56-2616
時　間　8:30～17:00、1・2月は9:00～17:00、無休
アクセス　バス停千手院橋から徒歩すぐ
駐車場　あり

自転車は建物内に置かれている

宿坊の予約や観光案内を行う。
建物の外にコインロッカーを常設

高野山デジタルミュージアム

シアターをメインに、カフェやショップから成る文化複合施設。シアターでは、250インチの大スクリーンで最新の高精細CGを駆使した迫力のVR映像を鑑賞できます。「高野山café雫」では、猿田彦珈琲プロデュースのスペシャルティコーヒーや地元食材を使った精進カレーなどが人気です。高野山の特産品などを販売するショップもお見逃しなく。

住　所　高野町高野山360
電　話　☎0736-26-8571
時　間　10:00～16:00、
土日祝および8・10・11月は10:00～17:00、
火曜・冬期休
料　金　入館無料、シアター鑑賞1000円
アクセス　バス停金剛峯寺から徒歩1分
駐車場　なし

高野霊木を使用したVRシアター。収容40名

高野山観光情報センターの東隣に建ちます

●電車で行く

※所要時間は目安です。

新大阪 →（地下鉄御堂筋線 約15分）→ なんば →（南海高野線特急 約4分）→ 天下茶屋 →（南海高野線特急 約43分）→ 橋本 →（南海高野線特急・天空 約40分）→ 極楽橋 →（ケーブル 約5分）→ 高野山

関西空港 →（南海空港線・南海線特急 約33分）→ 天下茶屋

高野山へはこちらがオススメ

こうや花鉄道「天空」

南海電鉄高野線の橋本駅から極楽橋駅を約40分で結ぶ特別列車。標高差443mの山岳区間をゆっくりと駆け上がり、風景を眺められるように設計された座席からは清々しい山々が望めます。

※水・木曜運休（祝日の場合は運行）、12月～2月は土日祝のみ運行

問合せ
天空予約センター　☎0120-15151

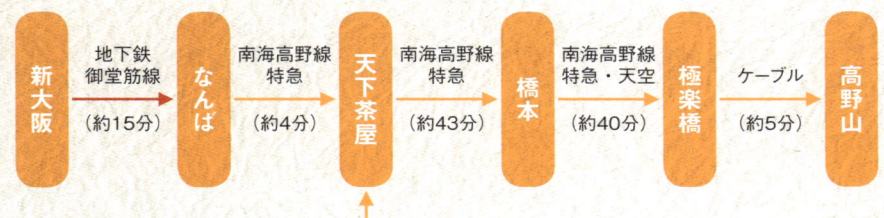

●車で行く

行楽シーズンは道が混雑します。冬期は積雪や路面の凍結に注意して。
(スタッドレスタイヤまたはチェーンの装備が必要)

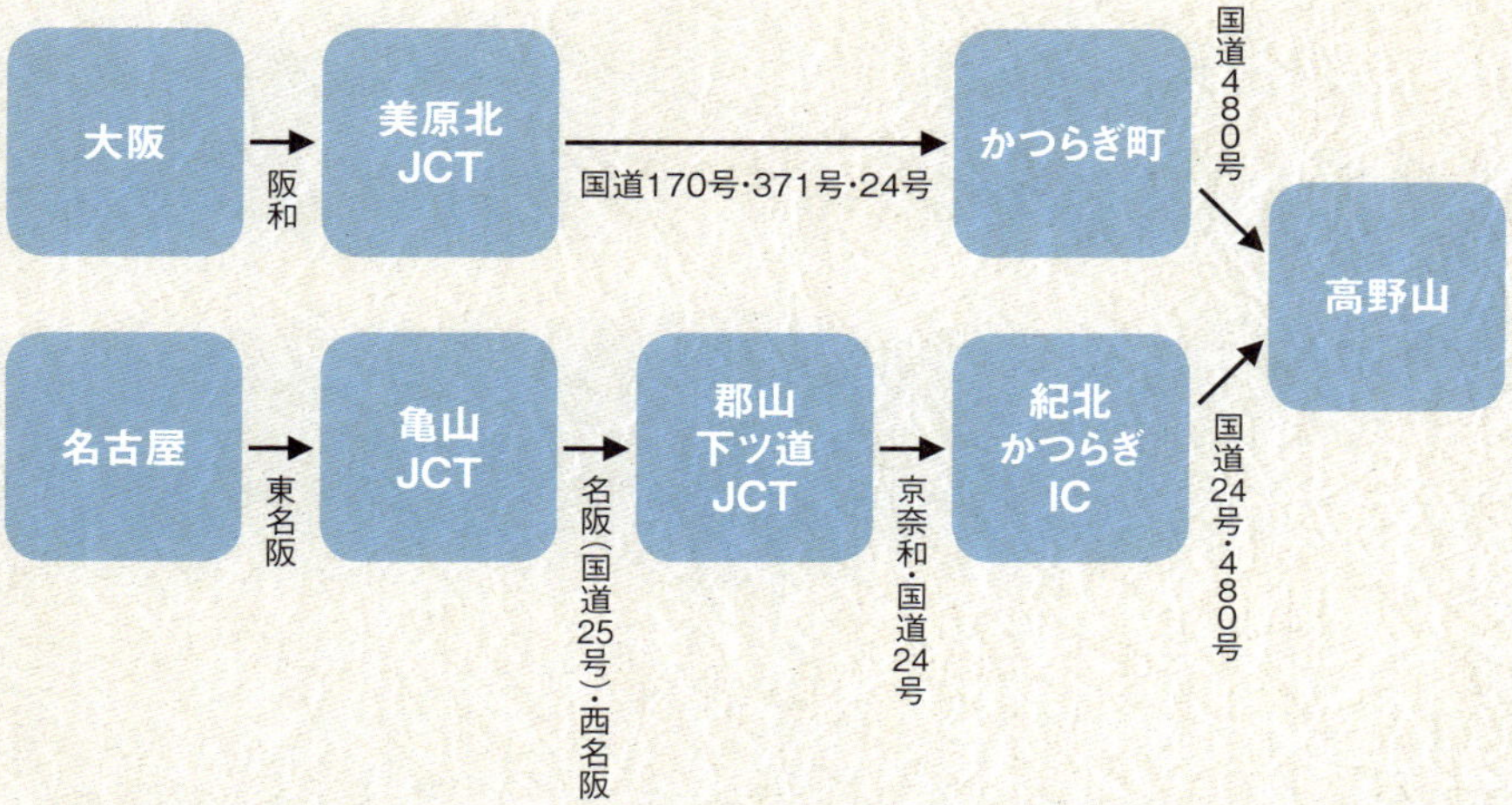

●バスで回る

山内路線バス(南海りんかんバス)

散策には、1日乗り放題の「高野山内1日フリー乗車券」1100円がお得です。
(高野山駅前のりばで販売)

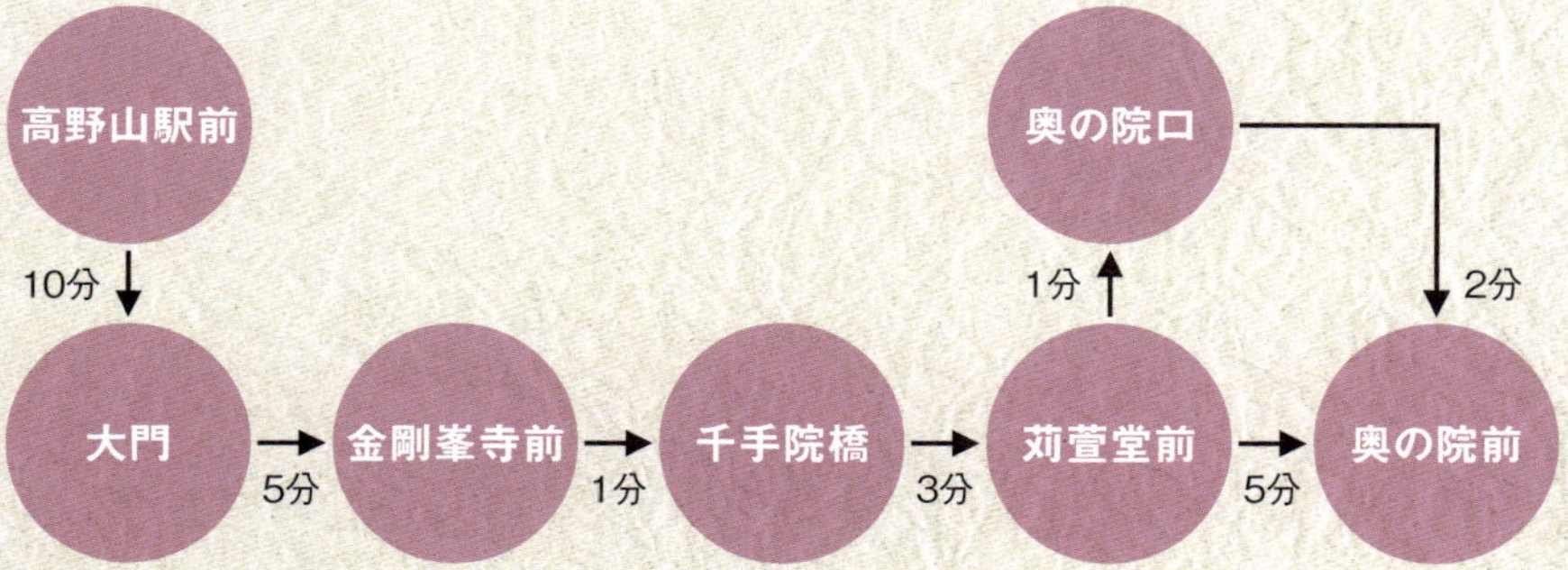

問合せ
南海りんかんバス(高野山営業所)　☎0736-56-2250

高野山

おみくじ

とっておきの聖地巡礼

世界遺産「高野山」1200年の祈りの旅